اردو نثر میں

طنز و مزاح نگاری

(مضامین)

مرتبہ:
سید حیدرآبادی

© Taemeer Publications LLC

Urdu Nasr mein Tanz o Mizaah nigari

by: Syed Hyderabadi

Edition: October '2024

Publisher :

Taemeer Publications LLC (Michigan, USA / Hyderabad, India)

ISBN 978-93-5872-471-4

9 789358 724714

مرتب یا ناشر کی پیشگی اجازت کے بغیر اس کتاب کا کوئی بھی حصہ کسی بھی شکل میں بشمول ویب سائٹ پر اَپ لوڈنگ کے لیے استعمال نہ کیا جائے۔ نیز اس کتاب پر کسی بھی قسم کے تنازع کو نمٹانے کا اختیار صرف حیدرآباد (تلنگانہ) کی عدلیہ کو ہو گا۔

© تعمیر پبلی کیشنز

کتاب	:	**اردو نثر میں طنز و مزاح نگاری** (مضامین)
مرتب	:	**سید حیدرآبادی**
صنف	:	تحقیق و تنقید
ناشر	:	تعمیر پبلی کیشنز (حیدرآباد، انڈیا)
سالِ اشاعت	:	۲۰۲۴ء
صفحات	:	۱۵۰
سرورق ڈیزائن	:	تعمیر ویب ڈیزائن

اردو نثر میں طنز و مزاح نگاری 5 مرتب : سید حیدر آبادی

فہرست

(۱) اردو نثر میں طنز و مزاح	ڈاکٹر شیخ نگینوی	6
(۲) ظریفانہ ادب کا فنّی اختصاص	پروفیسر عبد البرکات	11
(۳) اردو طنز و مزاح میں رشید احمد صدیقی کا درجہ اور۔۔۔	ڈاکٹر جعفر احراری	26
(۴) پطرس بخاری کی نثر میں مزاح	شمس الرحمن فاروقی	35
(۵) اصلاح ملت کے عظیم علمبر دار اکبر الہ آبادی	محمد عباس دھالیوال	44
(۶) غالب کے خطوط میں طنز و مزاح	ڈاکٹر مشیر احمد	66
(۷) طنز و مزاح، اودھ پنچ اور شگوفہ	پروفیسر خالد محمود	77
(۸) طنز و مزاح کالم 'پیاز کے چھلکے' کے موجد: فکر تونسوی	محمد عباس دھالیوال	84
(۹) مشتاق احمد یوسفی: طنز و مزاح کا بے تاج بادشاہ	عبد الباری شفیق	90
(۱۰) اردو کے بلند پایہ طنز و مزاح نگار: مجتبی حسین	ڈاکٹر احمد علی جوہر	94
(۱۱) شفیقہ فرحت: پہلی مزاح نگار خاتون	ظفر الاسلام	108
(۱۲) قہقہوں کے سفیر: بابائے ظرافت سید ضمیر جعفری	عامر اشرف	119
(۱۳) ابن صفی بحیثیت طنز و مزاح نگار	راشد اشرف	134

اردو نثر میں طنز و مزاح

ڈاکٹر شیخ نگینوی

طنز و مزاح اردو ادب کا ایک قابل قدر شعبہ ہے، جس کی روایت بہت قدیم ہے۔ حالانکہ شروع میں یہ صرف ایک اندازِ سخن تھا لیکن آج یہ اردو ادب کی ایک باقاعدہ مقبول اور مستعمل صنف ہے، جس کا انسانی زندگی سے نہایت قریبی رشتہ ہے۔

انسانی زندگی کے دو پہلو ہیں، ایک طرف آہیں، کراہیں، سسکیاں اور آنسو ہیں، دوسری طرف زیر لب تبسم اور قہقہے ہیں۔ ہمیشہ بحث کا موضوع رہا ہے کہ ان دونوں میں سے کون سا پہلو زیادہ تابناک اور روشن ہے۔ غم پسندی، سوز و گداز میں چھپی ہوئی پہ در پہ سنجیدگی کو ہی انسانیت کی بلندی قرار دیتی ہے۔ لیکن زندہ دل ایسے بھی ہیں جو زندگی کے ہر مرحلے میں غم روزگار کا مذاق اڑاتے رہتے ہیں اور غمِ روزگار کو مذاق میں اڑا دیتے ہیں۔ اردو ادب میں مزاح نگاروں نے زندگی کے مسائل کا حل قہقہوں میں تلاش کرنے کی کوشش کی ہے۔ کہیں انھوں نے تبسم زیر لب سے کام لیا ہے، کہیں خندۂ زندہ نما سے اور کہیں فلک شگاف قہقہوں سے۔

طنز و مزاح میں گہرا تعلق ہے۔ طنز کا ایک مقصد ہوتا ہے۔ یہ زخم لگا کر اصلاح کرنا جانتا ہے۔ مزاح صرف تضادات، عجائبات، قول و فعل کے فرق، ظاہر اور باطن میں بھید کی طرف اشارہ کر کے ناگوار کو گوارا اور نشیب و فراز کو ہموار کرنا سکھاتا ہے۔ مزاح میں

طنز کی لے ضروری نہیں مگر طنز میں ادبیت اور دلکشی مزاح کی چاشنی سے آتی ہے۔

اردو نثر میں طنز و مزاح کی آمیزش مرزا غالب کے خطوط میں جس طرح نثر کی سنجیدگی کو طباعی سے بدلتی ہے وہ مکتوبات غالب میں جس دلچسپی کے عناصر کا اضافہ کرتی ہے، وہ یقینا اردو نثر میں مذاحیہ اسلوب کا آغاز ہے۔ بقول مالک رام،۔"نثر اردو میں مزاح داخل کرنے کا سہرا غالبؔ کے سر ہے۔ غالب کے خطوط محض خطوط نہیں ہیں بلکہ وہ ادب کی ایسی خوب صورت صنف ہیں جن کو "زعفران زار" کا نام دیا جا سکتا ہے۔ یہ غالب کے طنز و مزاح اور ان کی ظرافت طبع کا ہی کمال ہے کہ آج تک خطوط غالب کی تازگی، شگفتگی، مقبولیت اور مسرت آفرینی میں زرّہ برابر بھی فرق نہیں آیا۔ خطوط غالب میں مزاح فطری اور بے ساختہ ہے۔"

سید سلیمان ندوی نے نقوش سلیمانی میں بالکل ٹھیک تحریر کیا ہے،"خطوطِ غالب میں جو اردو کے چند فقرے ہنستے، بولتے، چہکتے، چہچہاتے غالب کے قلم سے نکل گئے، ان کا ہر لفظ قدر دانانِ ادب کے لیے موتیوں سے زیادہ قیمتی اور ہمارے ادبی خزانے کا بیش قیمت ترین سرمایہ ہے۔"

غالب نے جس طرح شہد کی مکھی پر مصری کی مکھی کی فوقیت ثابت کی ہے یا جنت کے ایک قصر میں ایک حور کے ملنے پر زندگی کے اجیرن ہو جانے کا ذکر کیا ہے، اس میں مزاح کی بڑی لطیف چاندنی ہے۔ سر سید نے اپنے مخالفوں کے جواب میں جابجا طنز سے کام لیا ہے۔ مگر یہاں ان کے بجائے نذیر احمد کا ذکر زیادہ ضروری ہے، کیونکہ نذیر احمد کی کڑھی ہوئی شخصیت میں طنز و مزاح کی وجہ سے بڑی دل آویزی پیدا ہو گئی تھی۔ نذیر احمد کا تخیل اور ان کی زبان کی ساحری خصوصاً محاورے پر عبور ان کے ناولوں ہی میں نہیں، ان کی سنجیدہ تصانیف میں بھی جھلک جاتا ہے۔ طنز و مزاح میں زیادہ تر نئے خیالات پر وار

ہوتا ہے اور اودھ پنچ کی ظرافت یہی ہے۔

جنوری ۱۸۷۷ء میں لکھنؤ کی سرزمین سے طنز و مزاح سے بھرپور اخبار "اودھ پنچ" جاری ہوا۔ اس اخبار کو اردو طنز و مزاح کے تیسرے دور میں شمار کیا جاتا ہے۔ اس کے مدیر منشی سجاد حسین اپنی شگفتہ مزاجی اور طنزیہ و مزاحیہ تحریر کے لیے مشہور ہیں۔ اودھ پنچ سے قبل سب سے پہلے ۱۸۰۵ء میں رام پور سے اس رنگ کا اخبار "مذاق" کے نام سے حکیم احمد رضا نے جاری کیا تھا۔ پھر ۱۸۵۹ میں "مدراس پنچ" کے نام سے اردو کا دوسرا مزاحیہ اخبار نکلا تھا جس کے مالک شاہ محمد صادق حسینی شریف تھے۔ ۱۸۷۶ء میں بمبئی سے فرحت الاخبار، روہیل کھنڈ پنچ، مرادآباد اور پٹنہ سے "الپنچ" جاری ہوئے۔

"اودھ پنچ" نکالنے کی غرض و غایت مالی فائدہ کے بجائے طنز و مزاح کے ذریعے قوم میں پیدا شدہ معاشرتی برائیوں کی اصلاح، ذہنی بیداری پیدا کرنا اور انگریزوں کی لائی ہوئی ذہنی غلامی سے نجات دلانے کی کوشش تھی۔ اودھ پنچ نے ۱۹۱۲ تک اپنی ظرافت سے قہقہہ لگانے اور مسکرانے پر مجبور کیا اور اپنے طنز کے تیر سے لہولہان اور مضطرب کرتے ہوئے اردو ادب کے طنز و ظرافت کے سرمایہ کو مالا مال کیا۔ اودھ پنچ میں منشی سجاد حسین، نواب سید محمد آزاد، منشی احمد علی شوق، مرزا مچھو بیگ، ستم ظریف، اکبر الہ آبادی، پنڈت تربھون ناتھ ہجر، جوالا پرشاد برق کے علاوہ مولانا دکنی، داغ بدایونی، سلطان ظریف، ش ع کاکوروی، مدہوش بمبئی، حضرت لکھنوی، غ غ فیض آبادی، ع دفاروقی وغیرہ فرضی ناموں سے خصوصی مضامین لکھے جاتے تھے۔

بیسوی صدی میں سید محفوظ علی، فرحت اللہ بیگ، پطرس بخاری، رشید احمد صدیقی، فلک پیما، عبدالمجید سالک، کنہیالال کپور، مشتاق احمد یوسفی وغیرہ مزاح نگار سامنے آئے۔ ان کے علاوہ عظیم بیگ چغتائی، انجم مانپوری، شوکت تھانوی، فرقت کاکوروی، احمد

جمال پاشا، سید عابد حسین، ملا رموزی، حاجی لق لق، کرشن چندر ،وجاہت علی سند یلوی، عبد المجیب سہالوی، فکر تونسوی، برق آشیانوی، تخلص بھوپالی، شین مظفر پوری، حسنین عظیم آبادی، بھارت چندر کھنہ، ابراہیم جلیس، یوسف ناظم، نریندر لوتھر، ناوک حمزہ پوری، مجتبیٰ حسین، اظہر مسعود، پرویز مہدی، رؤف خوشتر، معین اعجاز، ارشد علی خان، شفیقہ فرحت، اعجاز علی ارشد اور عابد معز وغیرہ نے اردو نثر میں طنز و مزاح پر طبع آزمائی کی ہے۔ اردو نثر کے ان مزاح نگاروں کے یہاں صرف جملوں یا فقروں سے نہیں ،بلکہ ان کے لفظ لفظ سے ظرافت کی کرنیں پھوٹتی نظر آتی ہیں۔ان متبسّم کرنون کی تابانی و درخشانی اور ان کی خندہ سامانی اپنی جگہ۔ اردو ڈرامے میں طنز و مزاح دیکھنے کو ملتا ہے۔ پروفیسر مسعود الحسن رضوی نے بھانڈوں کی نقلیں لکھی ہیں۔ اردو ڈرامہ میں مزاحیہ نثر کا بھی حصہ ہے۔

طالب بنارسی، رونق، بیتاب یا بعد میں محشر انبالوی وغیرہ کے یہاں مزاح کا پہلو مل جاتا ہے۔ لیکن اس سلسلے میں آغا حشر کے یہاں یہ عنصر نمایاں حیثیت رکھتا ہے۔ انھوں نے مزاح پیدا کرنے کے لیے لفظی بازی گری سے تو کام لیا ہی ہے، ادبیت کی چاشنی بھی رکھی ہے۔ امتیاز علی تاج کے "چچا چھکن" کو ڈرامائی شکل بانو قدسیہ زیدی نے دی۔ اردو ڈراموں میں ظرافت کا علمی و ادبی معیار پیش کرتا ہے۔ گرنام سنگھ تیر پنجاب کے ایک اسکالر تھے جنھوں نے ہندوستان کی تمام زبانوں کے طنز و مزاح کا جائزہ لینے کے بعد اردو زبان کے طنز و مزاح کو پہلے نمبر پر رکھا تھا۔ تیرؔ نے لکھا کہ سب سے شائستہ طنز اردو زبان میں ملتا ہے۔ دراصل اردو طنز و مزاح کا تعلق تو شہری زندگی سے ہی رہا ہے۔ عموماً اس میں کاروباری سیاسی مجلسی زندگی کا عکس زیادہ ہے۔

عالمی طنز و مزاح کے سامنے مشتاق احمد یوسفی نے اردو طنز و مزاح کا جواب پیش کیا

ہے۔ ان کو دنیا کی کسی بھی بڑی زبان کے طنز و مزاح کے ادب کے سامنے بلا جھجک رکھا جا سکتا ہے۔ شوکت تھانوی بھی بہت عمدہ طنز و مزاح نگار ہیں۔ ان کی تخلیقات ہمیشہ یاد رہنے والی تخلیقات میں ہیں۔ اصل میں چند خصائص تمام ادب میں یکساں ہوتے ہیں جو تخلیق کو زندہ جاوید بنا دیتے ہیں۔ صرف ناقدوں کے اہمیت دینے یا نہ دینے سے ان کی قدر و قیمت پر کوئی خاص فرق نہیں پڑے گا۔ ان کی آفاقی اہمیت تو ہمیشہ برقرار رہے گی۔ ابن انشا کو گزرے ہوئے کافی عرصہ ہو گیا لیکن سب سے زیادہ پڑھا جانے والا مزاح نگار وہی ہے۔ مشتاق احمد یوسفی نے ادب کو جس منزل پر پہنچایا ہے، اس کی وجہ سے طنز و مزاح کو دوسرے درجے کی صنف قرار دینے کا نظریہ ختم ہو جانا چاہیے۔ دنیا کے بڑے مزاحیہ ادب کا نمونہ ہمارا اردو طنز و مزاحیہ ادب بھی ہے اور ہمارے پاس مزاح نگار ہیں جو عالمی ادب کے سامنے رکھے جا سکتے ہیں۔

اردو نثر میں طنز و مزاح پر خوب کام ہو رہا ہے، لیکن یہاں کوئی ناقد نہیں ہے۔ طنز و مزاح نگاروں پر مختلف یونیورسٹیوں میں ڈاکٹریٹ کے لیے مختلف مقالے لکھے جا رہے ہیں اور کل ہند سمینار بھی ہو رہے ہیں۔ لیکن طنز و مزاح نگار کو ساہتیہ اکادمی یا گیان پیٹھ وغیرہ کی طرف سے کوئی ایوارڈ نہیں دیا گیا ہے۔ اردو نثر کے طنزیہ اور مزاحیہ ادب کے ترجمے بھی نہیں کے برابر ہیں۔ آج کے نوجوانوں کو طنز و مزاح کے معیار کو برقرار رکھنا چاہئے۔ انھیں اپنی وراثت کے ساتھ ساتھ مغرب کے طنزیہ اور مزاحیہ ادب کا بھی حتی الامکان مطالعہ کرنا ہے، کیونکہ بغیر مغربی ماحول اور یہاں کے ماحول میں تفریق کو محسوس کیے اور اسے برتے بغیر بہترین طنزیہ و مزاحیہ ادب کی تخلیق تقریباً ناممکن ہے۔ اردو میں طنز کا سرمایہ اب خاصا وقیع ہے لیکن ابھی مزاح کی دنیا میں خوب سے خوب تر جستجو کی بڑی گنجائش ہے۔

***

ظریفانہ ادب کا فنّی اختصاص

پروفیسر عبد البرکات

ظرافت نگاری ایک صبر آزما صنفِ ادب ہے۔ فنی اعتبار سے ظرافت، مزاح اور طنز کے درمیان لطیف سا فرق ہے۔ اربابِ نظر کے یہاں ان تینوں کی امتیازی خصوصیات سے متعلق اختلاف رائے ملتا ہے اور ان کی آرا اس قدر پیچیدہ اور مبہم ہیں کہ ظرافت، مزاح اور طنز کی افہام و تفہیم گنجلک اور گڑبڑ ہو کر رہ جاتی ہے۔ دیگر اصنافِ ادب کی طرح ظرافت کا تعلق بھی فرد، سماج، معاشرہ اور انسانی فطرت سے براہِ راست ہے۔ شدتِ تاثیر اور اثر انگیزی کے سبب سنجیدہ شاعری کے علاوہ کوئی بھی صنف اس رنگ کی ثانی نہیں۔ ظرافت کا محرک کسی بھی قسم کی سماجی ناہمواری، اخلاقی گراوٹ، ذہنی پستی، جسمانی نقائص، جنسی بے راہ روی، غمِ جاناں و غمِ دوراں، رسم و رواج کی پابندی، سیاسی ہلچل، غلامی، بے جا پیروئ مغرب، رشوت خوری، چور بازاری، فرقہ پرستی، رجعت پرستی، ترقی پسندی میں عدمِ توازن، جمہوریت، بے جا آزادئ نسواں، اقتصادی زبوں حالی، انجمن سازی، نعشوں کی سوداگری، کفن چوری، ناتمامئ زندگی و دنیا وغیرہ بے شمار موضوعات ہیں جن پر ظرافت نگار کی حسِ مزاح کلیلیں بھرتی ہے، اس کے اندر ایک کیفیت پیدا ہوتی ہے۔ اس کے دل و دماغ میں ترنگیں اٹھنے لگتی ہیں۔ فنکار اپنے احساس کے اظہار پر مجبور ہو جاتا ہے۔ اسی اظہارِ احساس کو ظرافت کہتے ہیں لیکن اس احساس کے

ساتھ غور و فکر کی دعوت ہو تو مزاح اور اصلاح کا راز مضمر ہو تو طنز بن جاتا ہے۔

ظرافت زندگی اور معاشرے میں ایک خوشگوار فضا کی تشکیل کرتی ہے۔ ہمارے ارد گرد جو بے اعتدالیاں، تفاوات اور بد نظمیاں روز و شب ظہور پذیر ہوتی ہیں، ان پر ظرافت نگار مسکراتا ہے اور اپنے قاری کو بھی انبساط و تبسم کی دعوت دیتا ہے۔ تمام ناقدین اس بات پر متفق نظر آتے ہیں کہ طنز و ظرافت میں بیّن فرق ہے۔ کچھ ناقدین مزاح اور ظرافت کو مترادف تصور کرتے ہیں اور ان کے خیال میں مزاح کا مقصد بھی ہنسنا ہنسانا ہے۔ جب کہ مزاح ہنسی کے ساتھ ساتھ غور و فکر کے لیے بھی مجبور کرتا ہے۔ جس منزل پر ظرافت اپنا کام تمام کرتی ہے، وہاں سے مزاح کی ابتدا ہوتی ہے اور اختتام طنز و ہجو پر۔ تبسم ایک نعمت ہے جو لمحے بھر کے لیے میسر آتا ہے اس لیے ظرافت ایک رحمت بن جاتی ہے۔ ظرافت کا دائرہ کافی وسیع ہے اور جڑیں کافی گہری۔ تبسم ایک عالمگیر جذبہ ہے اور ظرافت تبسم کا بدل۔ ظریفانہ ادب کی تخلیق کے لیے طنز و مزاح کا امتزاج لازم و ملزوم ہے۔ صرف تبسم بکھیرنے اور مسرت و انبساط کے اظہار سے ادب معرضِ وجود میں نہیں آسکتا۔ اس روشنی میں مزاح اور طنز کو ظرافت کا اجزائے ترکیبی قرار دیا جاسکتا ہے۔ ہجو بھی طنز و مزاح سے مختلف چیز ہے لیکن طنز و مزاح سے جدا ہو کر اپنی انفرادیت برقرار نہیں رکھ سکتی۔ غلام احمد فرقت کاکوروی، خواجہ عبد الغفور وغیرہ نے اقسامِ ظرافت کی ایک طویل فہرست پیش کی ہے۔ ان کے خیال کے مطابق:

"اردو میں بیس اقسام کی ظرافت پائی جاتی ہے جو حسبِ ذیل ہیں۔

(۱) ظرافت (۲) مزاح (۳) طنز (۴) وٹ یا بذلہ سنجی (۵) تمسخر (۶) رمز (۷) ہزل (۸) عریانی (۹) ہجو (۱۰) پھکڑ (۱۱) فحاشی (۱۲) لطیفہ (۱۳) آوازہ (۱۴) حاضر جوابی (۱۵) فقرہ بازی (۱۶) خمریات (۱۷) ضلع جگت (۱۸) ریختی (۱۹) جلی کٹی (۲۰) پیروڈی۔"[۱]

ظرافت کی یہ اقسام درست سہی لیکن ادب میں ظرافت ، مزاح، طنز، ہجو اور پیروڈی کے علاوہ دیگر اقسام انھی کے مختلف پہلو ہیں جن کا مزاح، طنز اور تحریف سے طریقہ کار یا طنز مزاح نگار کے طریقۂ اظہار اور ردِ عمل سے زیادہ تعلق ہے۔ ان کی حیثیت محض حربوں کی ہے۔ خوشگواری اور ناگواری کی صورتیں ہیں۔ ان میں منفی صورتوں کی اہمیت ہے نہ مقام۔ غلام احمد فرقت کاکوروی، خواجہ عبد الغفور، ڈاکٹر شوکت سبزواری اور ڈاکٹر وزیر آغا نے "وٹ" کے لیے "بذلہ سنجی" کی اصطلاح استعمال کی ہے جب کہ دوسرے ظریفانہ ادب کے ناقدین "وٹ" کے لیے "ظرافت" ہی استعمال کرتے ہیں۔ مذکورہ بالا اقسامِ ظرافت کے درمیان مفاہمت پیدا کرتے ہوئے درج ذیل انواعِ ظرافت ہو سکتی ہیں:

(۱) مزاح (۲) طنز (۳) ہجو (۴) پیروڈی

مزاح:

مزاح؛ ظرافت اور طنز کی درمیانی کڑی ہے۔ مزاح نگار اپنی نگاہِ دور بیں سے زندگی اور معاشرے کی ان ساری برائیوں، خامیوں اور کوتاہیوں کو اپنے اندر جذب کرتا ہے، جس سے اس کی حس اور اصلاح کا جذبہ بیدار ہو جاتا ہے۔ اظہارِ احساس کے وسیلے سے عوام کو اس جانب متوجہ کرتا ہے۔ وہ زندگی اور معاشرے کے آبلوں پر انگلیاں رکھ کر ان کے مداوا کے لیے انسان کو برانگیختہ کرتا ہے۔ لیکن اس کا رویہ ہمدردانہ ہوتا ہے، جارحانہ نہیں۔ نشتر زنی تو طنز نگار کا کام ہے۔ بقول ڈاکٹر وزیر آغا:

"مزاح نگار اپنی نگاہِ دور بیں سے زندگی کی ان ناہمواریوں اور مضحک کیفیتوں کو دیکھ لیتا ہے، جو ایک عام انسان کی نگاہوں سے اوجھل رہتی ہیں۔ دوسرے ان ناہمواریوں کی طرف مزاح نگاہ کے ردِ عمل میں کوئی استہزائی کیفیت پیدا نہیں ہوتی بلکہ ان سے

محفوظ ہو جاتا ہے اور اس ماحول کو پسند کرتا ہے جس نے ان ناہمواریوں کو جنم دیا ہے۔ چنانچہ ان ناہمواریوں کی طرف اس کا زاویۂ نگاہ ہمدردانہ ہوتا ہے۔"۲؎

مزاح نگار معاشرے کی زہرناکی کو پی جاتا ہے اور متھ کر امرت میں متبدل کر کے پیش کرتا ہے جو بہت ہی مشکل کام ہے۔ ہنستے ہنستے زہر کا پیالہ پینا ہر شخص کے لیے ممکن نہیں۔ مزاح نگاری آگ کا دریا پار کرنے کے مترادف ہے۔ تھوڑی سی لغزش مزاح کو مذاق اور پھکڑ میں تبدیل کر دیتی ہے۔ مزاح کی وضاحت کرتے ہوئے پروفیسر اسلوب احمد انصاری تحریر کرتے ہیں:

"مزاح نگار کا مقصد ضرر رسانی کبھی نہیں ہوتا، اس کا مطمحِ نظر اصلاحی اور افادی بھی نہیں ہوتا۔ یہ اور بات ہے کہ اس کا یقین اور طنز کے تیروں کا نشانہ بننے کے بعد ہمارے اندر احساسِ نفس جاگ جائے جو پایان کار ہماری اصلاح کا موجب بنے لیکن یہ مزاح نگار کا مقصدِ اوّلین نہیں ہوتا۔ اس کا کام تو صرف یہ ہے کہ وہ ہمارے غیر آہنگ افعال اور خود بینی و خود نمائی کے مظاہر کا تماشا خود دیکھے اور دوسروں کو دکھاوے اور ان سے انبساط حاصل کرنے کا سامان فراہم کرے۔"۳؎

پروفیسر اسلوب احمد انصاری کا یہ خیال درست ہے کہ مزاح نگار کا کام صرف مظاہر کا دلچسپ انداز میں تماشا دیکھنا اور اور دکھانا ہوتا ہے، اصلاح اور افادی پہلو کی وضاحت نہیں۔ وہ اس کام کو طنز نگار پر چھوڑ دیتا ہے۔

دراصل مزاح نگاری طنز سے مشکل اور لطیف فن ہے۔ مزاح کے سامنے طنز اور ہجو کا بحرِ بے کراں ٹھاٹھیں مارتا ہے تو پشت پر عریانی، فحاشی، پھکڑبازی وغیرہ جیسے قعرِ مذلت۔ ان دونوں کے درمیان مزاح اپنا مقام متعین کرتا ہے جو پل صراط پر چلنے سے کم نہیں۔ مزاح تیر و نیزہ کھا کے زخموں پر مسکراتے ہوئے پھاہا رکھنے کا نام ہے۔ اس روشنی

میں مزاح کی تعریف یوں کی جاسکتی ہے کہ مزاح ایک ایسا عالمگیر جذبہ رُحمت و نعمت ہے جو معاشرے کے منفی و سنجیدہ حالات میں بھی انبساط و مسرت کے گوہر آبدار سے، انسان اور انسانیت کے دامن کو بھر دیتا ہے۔ ایسا تبسم عنایت کرتا ہے جو ہماری کوتاہیوں، خامیوں اور بوالعجبیوں کی طرف ہماری توجہ مبذول کرتا ہے(لیکن خندہ پیشانی کے ساتھ) مزاح کا یہ پیام ہے کہ ہر حال میں خوش رہو اور شکر بجالاؤ اور فطرت کا تقاضا بھی یہی ہے۔

مزاح کئی طرح سے پیدا کیا جاسکتا ہے۔ تضادِ موازنہ مزاح کے لیے ایک اچھا حربہ ہے۔ اس حربہ کے تحت موازنہ میں ایسی ناہمواریاں پیدا کی جاتی ہیں جس سے ہنسی کی سبیل نکل آئے۔ مثلاً کنہیالال کپور کا یہ جملہ "شیخ سعدی سے لے کر شیخ چلی تک" اس جملہ میں "سعدی اور چلی کا موازنہ کس قدر مضحکہ خیز اور شگفتہ ہے۔ اس طرح مزاح نگار تکرارِ لفظی اور رعایتِ لفظی کے توسط سے بھی مزاح پیدا کرتا ہے۔ ایک مخصوص فضا اور کردار کے وسیلے سے بھی مزاح کی راہ ہموار کی جاتی ہے لیکن حقیقت یہ ہے کہ مزاح نگار کے تجربہ میں جس قدر وسعت، تنوع، رنگارنگی و ہمہ گیری ہوگی اور جس قدر وہ ذکی الحس و بیدار مغز ہوگا، مزاح کے محرکات اسی تناسب سے اس کے یہاں پائے جائیں گے۔ کامیاب اور ادبی مزاح پیدا کرنے کے لیے زبان و ابلاغ پر کامل دسترس ناگزیر ہے۔

طنز:

کھیت کو زرخیز بنانے کے لیے ہل چلانے کی حاجت ہوتی ہے۔ دھرتی کے سینے کو چیرنے سے کھیت کی زرخیزی عود کر آتی ہے۔ اسی طرح طنز و مزاح زندگی میں شادابی کے موجب بنتے ہیں۔ باغ میں لہلہاتے پودوں کی تراش خراش ایک بے رحمانہ فعل ہو سکتا ہے

لیکن پودوں میں ترتیب، خوشنمائی اور توازن برقرار رکھنے کا یہ مناسب طریقہ ہے اور بے حد اہم بھی۔ طنز ایک طرح کی تنقید ہے لیکن تنقید کی بہ نسبت اس کا دائرہ کافی وسیع اور اصلاحی پہلو نمایاں ہوتا ہے کیوں کہ طنز برائیوں اور خامیوں کو اپنا نشانہ بناتے وقت اقدار و اوصاف کو پیشِ نظر رکھتی ہے، ممکن نہیں شر کے جویا کو خیر کی بات سوجھے۔ ہماری روزمرہ کی زندگی میں ہماری چار سو بے اعتدالیاں، بدنظمیاں، بے انصافیاں، زور و زبردستی، ظلم و ستم، بے ایمانی، فساد و تصادم وغیرہ جو کچھ ہو رہا ہے، اس کے برملا اظہار کا نام طنز ہے۔ لیکن ادبی طنز اور عام طنز میں فرق ہے۔ ادبی اور لطیف طنز کے لیے تہذیب، نفاست و نزاکت کے ساتھ ایک شیریں دیوانگی از حد ضروری ہے۔ دراصل جہاں زندگی گزارنے کا جیسا معیار ہو گا، اسی سطح پر وہاں طنز پرورش پاتی ہے۔ لطیف اور ادبی طنز کے لیے پختہ شعور اور تعلیم نہایت ضروری ہے۔ ظاہر ہے یہ ترقی یافتہ اقوام میں ہی ممکن ہے۔ طنز نگار اپنی بات کو موئثر بنانے کے لیے مبالغہ سے بھی کام لیتا ہے یعنی حقیقت کو گھٹا بڑھا کر پیش کرتا ہے۔ مثلاً لمبی ناک والے کی ناک کو تلوار سے تطبیق کرنے اور کسی چھوٹے قد والے کو بونا بنا کر پیش کرنا طنز ہے۔

طنز ایک قسم کی عملِ جراحی ہے اور طنز نگار ایک سماجی سرجن ہوتا ہے۔ طنز نگار نشتر زنی کر کے سماج، معاشرہ اور انسانی افعال میں جو فاسد مادہ ہوتا ہے اس کو رفع کرتا ہے۔ اس عملِ جراحی میں کرب بھی ممکن ہے اس لیے وہ مزاح کی غشی آور دوا سے اس شدت کو کم کرتا ہے۔ طنز سے متعلق ڈاکٹر شوکت سبزواری لکھتے ہیں:

"طنز کے نشتر کسی قدر نوکیلے ہوتے ہیں۔ طنز میں جتنی شدت ہوتی ہے، اتنا ہی وہ کامیاب اور بھرپور سمجھا جاتا ہے لیکن طنز کی یہ شدتِ تیزی، بے دردی اور تلخی ایک اچھے اور بڑے مقصد کے لیے ہوتی ہے۔ طنز کی ادب میں اہمیت اس کی مقصدیت کی وجہ سے

ہے اور یہی مقصدیت ہے جس کی وجہ سے طنز کی تلخی گوارا کرلی جاتی ہے۔ بقول غالبؔ لب کی شیرینی کا کرشمہ ہے کہ اس کی گالیاں کھا کے ہم بے مزہ نہیں ہوئے۔ لب کی یہ شیرینی طنز کا مقصد ہے۔"[۴]

طنز کا مقصد تخریبی نہیں تعمیری ہوتا ہے۔ جب معاشرے میں منفی و مثبت رجحان ایک دوسرے سے برسرِ پیکار ہو یا نئے اور پرانے میں شدید تصادم ہو تو طنز کی ضربیں لگا کر ایک ہموار غیر متصادم اکائی کی طرف بڑھا جاسکتا ہے۔ طنز نگاری دو دھاری تلوار پر چلنے کا فن ہے۔ ذرا سی بے احتیاطی سے وار اوچھا بھی ہو سکتا ہے اور الٹا بھی اس لیے طنز کو عملِ سفلی سے تشبیہ دی جاتی ہے۔ اگر عمل پورا نہ ہو تو عامل خود اس کا شکار ہو جاتا ہے۔ میں ادبی اور غیر ادبی طنز کے درمیان خطِ فاصل کھینچنا نہیں چاہتا کیوں کہ اگر طنز میں ادبیت نہیں تو وہ دوسرے درجے کی چیز ہو جاتی ہے، اسے طنز نہیں کہا جاسکتا۔ طنز نگار کو جراثیم شدہ حالات و واقعات کا نشانہ بنانے سے قبل اپنے جذبات کی تربیت اہم ہو جاتی ہے۔ حقارت، غصہ، غضب اور نفرت کے جذبات سے پرے ہو کر طنز نگار اپنا وار کرتا ہے، نہیں تو ہجو گو میں شامل ہو جاتا ہے۔ اس لیے طنز نگار کو باریک بینی، نزاکت و نفاست، شائستگی اور تہذیب کو شعار بنانا پڑتا ہے۔ پھر حصولِ مقصد کے لیے طنز نگار مزاح کا سہارا لیتا ہے۔

طنز نگار ذاتی بغض و عناد اور دشمنی سے اجتناب کرتا ہے۔ طنز کا دائرہ کافی وسیع ہوتا ہے۔ اس کی جڑیں؛ زندگی، معاشرہ اور سماج کے اندر پیوست ہوتی ہیں۔ طنز کے موضوعات میں ہمہ گیری اور کافی وسعت ہے۔ دراصل یہ طنز نگار کے احساس پر منحصر کرتا ہے۔ معمولی واقعات سے لے کر بڑے سانحات تک کو طنز کا موضوع بنایا جاسکتا ہے۔ طنز نگار طبعاً ذکی الحس ہوتا ہے اور دردمند دل رکھتا ہے اس لیے اس کے یہاں

اصلاح کا مادہ شدت کے ساتھ موجود ہوتا ہے۔

ہجو:

"ہجو ہماری نظم کی ایک خاردار شاخ ہے جس کے پھل سے پھول تک بے لطف بھری ہے اور اپنی زمین اور دہقان دونوں کی کثافتِ طبع پر دلالت کرتی ہے۔"۵

ہجو؛ اقسامِ ظرافت میں ایک رَو کی حیثیت رکھتی ہے۔ ہجو کے لیے نثر سے زیادہ نظم کی زمین راس آتی ہے۔ اس کا مطلب ہر گز یہ نہیں کہ نثر میں اس کا گزر ہی نہیں۔ اس سلسلے میں میر جعفر زٹلی کی نثری ہجو کا نمونہ موجود ہے۔ ہجو ذاتی بغض و عناد اور دشمنی کے پیشِ نظر معرضِ وجود میں آتی ہے۔ افراد، معاشرہ اور زمان و مکاں ایک دوسرے سے پیوست ہیں۔ اس لیے اشخاص کے ساتھ ساتھ وہ بھی ہجو گو کی نفرت کا نشانہ بنتے ہیں۔ ہجو گو احساسِ برتری کا شکار ہوتا ہے۔ وہ جس پر استہزا کرتا ہے اس کے عیوب سے اپنے آپ کو مبرا سمجھتا ہے۔ ہجو گو؛ افراد اور معاشرے کے بے ہنگم، مضحک اور بوالعجبیوں کو دیکھ کر غضب ناک ہو جاتا ہے۔ اس کے اندر نفرت، غم و غصہ اور غضب کی چنگاریاں دہکنے لگتی ہیں اور وہ اپنی شعلہ بیانی سے اپنے حریف کو جھلسا کر رکھ دیتا ہے۔ گویا ہجو اپنے حریف پر شعلہ افشانی کا نام ہے۔

یہ حقیقت ہے کہ ہجو، برائی، بد گوئی اور مذمت سے اپنا دامن چھڑا نہیں سکتی ہے، اس کے اندر مزاح کی تیزی اور انتقامی جذبات شدت سے پائے جاتے ہیں۔

پیروڈی:

پیروڈی یونانی لفظ "پرودیا" سے مشتق ہے۔ ابتدائے آفرینش میں پیروڈی کے معنی "جوابی نغمہ" یا "نغمۂ معکوس" رہا ہے جس کی روشنی میں نہایت سنجیدہ، معروف اور فکر انگیز نغمہ کی سحر انگیزی رفع کرنا تھا۔ لیکن بہت جلد ہی پیروڈی اس تنگ اور محدود گلی سے

نکل کر وسیع میدان میں آگئی، جہاں شاعری کے علاوہ نثری صنف بھی اس کی قدم بوس ہوگئی۔اب پیروڈی کے معنی وسیع اور موضوع رنگارنگ ہیں۔ عرفِ عام میں پیروڈی "نقالی" سے موسوم کی جاتی ہے۔لفظ "نقالی" کے معنی اور دائرۂ کار کافی متنوع ہیں۔ درحقیقت یہ اصل کی ایسی نقل ہے جس میں اصل کا شائبہ کارفرما ہوتا ہے۔ پیروڈی کو کارٹون سے تشبیہ دی جاتی ہے جس میں تصویر کے تمام پہلوؤں کو مضحک طور پر نمایاں کیا جاتا ہے اس لیے:

"پیروڈی کو طنز و مزاح اور کارٹون کے خاندان کا فرد کہنا درست ہوگا۔اس میں تضحیک سے تنقید کا کام لیا جاتا ہے۔ مگر اس کا منصب تضحیک ہرگز نہیں۔اسی وجہ سے یہ ایک مشکل فن ہے۔اس کی مزاحیہ تنقید میں اعتدال اور توازن کی سخت ضرورت ہوتی ہے۔اس میں کسی سنجیدہ تخلیق کے کوبڑ کو پوری فنکاری کے ساتھ پیش کیا جاتا ہے۔اس کا کمال یہ ہوتا ہے کہ آدمی اپنے کوبڑ کو دیکھ کر ہنس پڑتا ہے اور ہنسی میں اصلاح کی صورت بھی نکل آتی ہے۔"[٦]

پیروڈی صنفِ ظرافت کی ایک اہم قسم ہے جو کسی مشہور و مقبول تخلیق کے زیرِ سایہ وجود میں آتی ہے۔وہ کسی فن پارے کے طرزِ تحریر کی دلچسپ انداز میں خاکہ اُڑاتی ہے۔ عام یا سطحی قسم کی تخلیق کی پیروڈی ممکن نہیں، ایسی ادبی تخلیق جس میں کچھ فنی و فکری معائب و محاسن ہوں، اس کا محور بنتے ہیں۔ بعض مستند ادبا جن کے یہاں ایسے الفاظ کا مکرر استعمال، جو فنکار کا تکیہ کلام بن گیا ہو یا کسی کلام یا نثری شہ پارے میں ایک ہی طرح کے خیال کا بار بار اعادہ کرنا پیروڈی کا محرک ہوتا ہے۔

کسی فنونِ لطیفہ یا کلام کی حد سے بڑھی ہوئی انانیت، متانت اور سنجیدگی کو طنز و مزاح کے وسیلے سے معتدل کرنے کا کام پیروڈی بہ احسن کرتی ہے۔ بعض شاہکار تخلیقات میں

کچھ مبہم سی کمزوریاں ہوتی ہیں جو عام مشاہدے میں نہیں آتیں یا جن کی غیر معمولی مقبولیت کی وجہ سے قاری کی نظریں ان پر نہیں ٹھہرتیں لیکن ان پر ظرافت کا عنصر پنہاں رہا ہے تو پیروڈی ان کو نمایاں کرتی ہے۔ ان اہم فرائض کی انجام دہی کے لیے جدتِ ادا اور ندرتِ بیان ناگزیر ہے۔ بقول پروفیسر رشید احمد صدیقی:

" پیروڈی میں جدت اور جودت کا ہونا ضروری ہے۔ اصل کی نقل اس طور پر کرنا یا اس میں ظرافت کا پیوند لگانا کہ تھوڑی دیر کے لیے نقاب یا پیوند کی تفریحی حیثیت کو دبا دے، پیروڈی کا ہنر ہے۔ "ے

پیروڈی سے متعلق ظرافت نویس، پیروڈی نگار اور ناقدین کے یہاں کافی یکسانیت پائی جاتی ہے۔ شوکت تھانوی، شفیق الرحمن اور کنہیالال کپور کے خیالات میں زیادہ بُعد نہیں۔

پیروڈی کے تمام ناقدین اسی نکتہ پر متفق نظر آتے ہیں کہ پیروڈی سنجیدہ و شاہکار فن پارے کے کوبڑ اور کمزوریوں کو اپنی طنز کا نشانہ بناتی ہے۔ اسی روشنی میں یہ تنقید کا فریضہ انجام دیتی ہے۔ لیکن عام تنقید کی بہ نسبت پیروڈی ایسی لطیف تنقید ہے جس میں ہمدردی اور تبسم کا عنصر کارفرما ہوتا ہے۔ وہ غایت درجہ کی سنجیدہ اور ادبی بے راہ روی پر برق بن کر گرتی ہے۔ یہ برق جلانے کے لیے نہیں ہوتی بلکہ ادبی ضابطے سے منحرف ہونے والے ادیب کو دلچسپ انداز میں انتباہ کرنے کے لیے ہوتی ہے۔ کسی بھی تخلیق کی بے راہ روی کو اعتدال پر لانے کا کام انجام دیتی ہے۔ فن اور اسلوب میں پیدا شدہ کبیدگی رفع کرتی ہے۔ پیروڈی کے جلو میں ظرافت کے تبسم اور طنز کے نشتر پوشیدہ ہوتے ہیں۔ پیروڈی کا تعلق ادب سے براہِ راست ہے بلکہ:

" پیروڈی بغیر کسی اور تصنیف یا تخلیق کے وجود میں نہیں آسکتی۔ گویا پیروڈی دو

فنکاروں کی دستِ نگر ہے۔ ایک تو وہ جو پہلے کوئی نظم نثر قلم بند کرتا ہے اور دوسرا وہ جو اس کی پیروڈی کرتا ہے۔"۸

پیروڈی بیک جنبش دو طرح کا کام انجام دیتی ہے۔ ایک طرف اعلیٰ سنجیدہ ادب کی کمزوریوں کو طنز کا ہدف بناتے ہوئے اس کے طلسم کو توڑتی ہے تو دوسری طرف تفریح و تفنن کے لیے فضا ہموار کرتی ہے۔ اس طرح پیروڈی کا سلسلۂ نسب طنز سے جا ملتا ہے۔ دونوں کا مقصد تقریباً ایک ہے لیکن وسیلۂ موضوع جداگانہ ہے۔ طنز اپنا موضوع مواد زندگی، معاشرہ اور سماج سے اخذ کرتی ہے جب کہ پیروڈی کا ماخذ براہِ راست شعر و ادب ہے۔

لیکن طنز کے لیے ایسی کوئی شرط نہیں۔ اعلیٰ پایہ کی پیروڈی اتنی ہی قابلِ قدر ہوتی ہے جتنی وہ تخلیق جس کی پیروڈی کی گئی ہو۔ کامیاب پیروڈی اس وقت ممکن ہے جب پیروڈی کے لیے حربہ بنائی گئی تخلیق سے ہمدردی اور اس کے مصنف سے اُنس ہو۔ پیروڈی کی جانے والی تخلیق بے حد پسند کی جاتی ہے۔ یہ حقیقت بھی ہے اور انسانی نفسیات بھی کہ جب کسی محبوب شے پر کثافت کے غلاف دبیز ہو جاتے ہیں، اس جانب لا محالہ اصلاحی نظریں اٹھنے لگتی ہیں۔ سفید کپڑے پر معمولی دھبہ بھی نمایاں نظر آتا ہے۔ پیروڈی اسی دھبہ کو رفع کرنے کا نام ہے۔

پیروڈی نگار عام فنکار سے زیادہ حساس اور زود بیں ہوتا ہے۔ اس کی آنکھیں خردبین کا کام کرتی ہیں۔ وہ ذہانت و ذکاوت سے کام لیتا ہے۔ اس کو شعر و ادب کا عمدہ ذوق اور فنی بصیرت ہوتی ہے۔ پیروڈی نگار کا شعور نہایت پختہ اور ہشت پہلو ہوتا ہے۔ اس کے اسلوب میں بھی رنگارنگی اور وسعت کارفرما ہوتی ہے۔ وہ جس فنکار کو اپنے تیر کا ہدف بناتا ہے، اپنے اسلوب اور ذہنی دھارے کو اس کے طرزِ تحریر اور ذہنی رو سے ہم

آہنگ کر دیتا ہے۔ اس طرح پیروڈی کے قاری کا ذہن اس اصل تخلیق کی طرف فوراً منتقل ہو جاتا ہے جس کو پیروڈی نگار اپنا ہدف بناتا ہے۔ پیروڈی نگار کے لیے تکنیک یا اسلوب پر قدرت و مہارت اور ظرافت پیدا کرنے کی صلاحیت بہت ضروری ہے۔

پیروڈی کے لیے استعمال کی جانے والی زبان آسان، سادہ، سلیس اور شگفتہ ہوتی ہے۔ کامیاب پیروڈی کا بیشتر انحصار زبان و بیان پر ہوتا ہے۔ اس کے لیے پیرایۂ بیان مبالغہ آمیز ہونا لازمی ہے۔ الفاظ، بیان اور خیالات کی ہم آہنگی اور ظرافت کی گل فشانی سے پیروڈی جاذبِ نظر اور دلچسپ بن جاتی ہے۔ لیکن پیروڈی میں اس امر کا بالخصوص خیال رکھنا ناگزیر ہے کہ ہدف بنائی گئی نظم اور نثر کا "موڈ" برقرار رہے۔ جس طرح کی فضا اصل تخلیق میں بنتی ہے وہ مکرر اور مجروح نہ ہو۔ مصنف کا اسلوب، لب و لہجہ اور تیور شگفتہ ہو۔ ورنہ وہ کامیاب پیروڈی نہیں ہو سکتی۔ ڈاکٹر وزیر آغاز کی نظر میں:

"پیروڈی یا تحریف کسی تصنیف یا کلام کی ایک ایسی لفظی نقالی کا نام ہے جس سے اس تصنیف یا کلام کی تضحیک ہو سکے۔"[9]

محض "لفظی نقالی" سے شاہکار تحریف منصہ شہود پر نہیں آسکتی۔ دراصل پیروڈی تین طرح سے کی جاتی ہے۔ ایک لفظی پیروڈی، جہاں صرف الفاظ کے الٹ پھیر سے ہنسی کی سبیل پیدا کی جاتی ہے۔ ظاہر ہے لفظی تبدل میں خونِ جگر کی نہیں ہوش مندی کی حاجت ہے اور یہ حقیقت ہے کہ خونِ جگر صرف کیے بغیر کوئی شاہکار تصنیف معرضِ وجود میں نہیں آسکتی۔ دوسرا طریقہ کار اسلوب یا اسٹائل کو مزاحیہ صورت میں پیش کرنا ہے۔ اس میں صرف ہیئت و اسلوب کا مذاق اُڑایا جاتا ہے۔ پیروڈی کی تیسری جہت موضوعاتی ہے۔ پیروڈی کرنے کا تیسرا انداز نہایت اہم اور مناسب ہے۔ موضوعاتی پیروڈی سے مراد کسی تخلیق کے عنوان کا مذاق اُڑانا نہیں بلکہ جس واقعہ، حالات اور اشیائ کو اصل

مصنف نے اپنا موضوع بنایا ہے، پیروڈی میں اس کو ملحوظ رکھنا ہے لیکن شاہکار پیروڈی وہ ہوگی جس میں تینوں امر کو پیشِ نظر رکھا جائے گا۔ پیروڈی کرنے کا گُر بتاتے ہوئے پروفیسر قمر رئیس رقم طراز ہیں:

"پیروڈی کار کسی خاص اسلوب یا فن پارے کی خارجی ہیئت (Form) کی تقلید کرتے ہوئے اس کے مواد کو حسبِ ضرورت مسخ کر کے یا ایسی مبالغہ آرائی اور ظریفانہ پینترے سے پیش کرے کہ اس کی اصل صورت بگڑ کر بھی پہچانی جاسکے۔"۱۰

پیروڈی کا مقصد اصل تخلیق کا محض مذاق اُڑانا ہوتا ہے اور نہ ہی تخریبی رجحان بلکہ امتدادِ زمانہ کے سبب جب کوئی شاہکار تخلیق اپنے جائز مقام سے دست بردار ہو جاتی ہے، پیروڈی دوبارہ اس کا منصب دلانے میں کامیاب ہوتی ہے اور پیروڈی کی لے میں اصل تخلیق کی گونج سنائی دینے لگتی ہے۔ وہ اس کو شگفتہ اور ملین بنا کر پیش کرتی ہے۔ اس طرح پیروڈی کرنے کے سبب اصل تخلیق از سرِ نو دلوں کو مسخر کرنے لگتی ہے۔ پیروڈی کا مقصد مصنف کی طرزِ تحریر اور فنی خامیوں کو نمایاں کرنا بھی ہے۔ مصنف کی ذاتیات سے اس کا کوئی تعلق نہیں ہوتا۔ اس منزل پر پیروڈی نگار کی نزاکتوں میں اضافہ ہو جاتا ہے۔ پیروڈی نگار کی مصنف سے ہمدردی بہت ضروری ہے۔ اس کے دل میں مصنف کے لیے احترام کا جذبہ ہونا چاہیے تب ہی وہ اپنے منصب سے صحیح انصاف کر سکتا ہے۔ بصورتِ دیگر پیروڈی اپنا مقصد کھو دیتی ہے اور وہ ہجو یا ہزل میں منتقل ہو جاتی ہے۔ پیروڈی نگار کا مقصد اعلیٰ و ارفع اور تعمیری تخلیق کے لیے راستہ ہموار کرنا ہے اور مزاح کے لیے فضا بنانا بھی اس کے اوصاف میں شامل ہے۔ مثلاً مولانا محمد حسین آزاد کی کتاب "آبِ حیات" کی پیروڈی جب ابن صفی نے "آبِ وفات" لکھی تھی تو ابن صفی نے اس سے قبل ایک وضاحتی نوٹ لکھا تھا جس کی ابتدا اس طرح کی تھی: "مولانا آزاد کے پیروں کی خاک

میرے سر پر... اس اضحوکہ کا مقصد 'آبِ حیات' کی تضحیک نہیں... "[۱۱]

۱۹۶۰ میں جب ڈاکٹر اعجاز حسین کی کتاب "اردو ادب آزادی کے بعد" شائع ہوئی تو اس میں اس پیروڈی کا حوالہ دیتے ہوئے اسے نقل بھی کیا گیا تھا۔

اردو ظرافت نگاری میں پیروڈی کا اہم مقام ہے بلکہ دیگر اصنافِ ادب کی طرح پیروڈی میں بھی ہمہ گیری موجود ہے۔ میرا خیال ہے کہ ایک اچھی پیروڈی سنجیدہ اور معیاری تخلیق کو ادراکِ قاری سے ہم آہنگ کرنے میں معاون ثابت ہوتی ہے۔ وہ اردو ادب میں اپنے منفرد مقام کے حصول کے لیے پر تول رہی ہے۔ اس کی افادیت، مقبولیت اور ہر دل عزیزی کے پیشِ نظر کہا جاسکتا ہے کہ عنقریب ہی یہ اپنے منفرد مقام کے تعین میں کامیاب ثابت ہوگی۔ پیروڈی کے اندر طنز کا عنصر کار فرما ہوتا ہے جو اصل تحقیق کا اشاریہ ہوتا ہے۔ وہ خالق کے مسلک و منشا کی طرف قاری کے ذہن کو رجوع کرتا ہے۔ اس لیے پیروڈی خوش ذوق سے مصنف کے مقصد کی طرف ذہن کو منتقل کر دیتی ہے۔ مثلاً فیضؔ کی نظم "تنہائی" کی پیروڈی کنہیالال کپور کی لگائی ہے۔

حواشی:

(۱) بحوالہ اردو میں خندہ زنی اور اقسامِ ظرافت: غلام احمد فرقت کاکوروی، مشمولہ ماہنامہ 'صبا' ص ۲۱، ۲۲

(۲) اردو ادب میں طنز و مزاح: ڈاکٹر وزیر آغا، مطبوعہ ۱۹۸۱ئ، ص ۴۲، ۴۱

(۳) علی گڑھ میگزن (طنز و ظرافت نمبر)، مرتب ظہیر احمد صدیقی، فروری ۱۹۷۵ئ، ص ۱۵۰

(۴) ایضاً ص ۳۳

(۵) آبِ حیات، محمد حسین آزد، مطبوعہ ۱۹۷۶ئ، ص ۱۴۵

(۶) اسکالر پیروڈی نمبر، مرتب احمد جمال پاشا، علی گڑھ، مارچ ۱۹۵۷ئ

(۷) کچھ پیروڈی کے بارے میں، رشید احمد صدیقی، بحوالہ اسکالر پیروڈی نمبر، ص ۹

(۸) نئے ادبی رجحانات، ڈاکٹر اعجاز حسین، مطبوعہ ۱۹۵۷ئ، ص ۳۲۷

(۹) اردو ادب میں طنز و مزاح، ڈاکٹر وزیر آغا، ص ۴۸

(۱۰) تلاش و توازن، پروفیسر قمر رئیس، مطبوعہ ۱۹۶۸ئ، ص ۱۵۴

(۱۱) میں نے لکھنا کیسے شروع کیا؟ ابن صفی (عالمی ادب کی نمائندہ تحریریں) ترتیب و ادارت محمد عارف اقبال، اپریل ۲۰۱۴ئ، ص ۱۱۱

***

اردو طنز و مزاح میں رشید احمد صدیقی کا درجہ اور ان کے اسلوب کی بنیادی خصوصیات

ڈاکٹر جعفر احراری

رشید احمد صدیقی اردو میں اعلیٰ مزاح کے نمائندے ہیں جسے ہم ادبی زبان میں "خیالی مزاح" کہہ سکتے ہیں جہاں قہقہہ کا گزر نہیں بلکہ کسی پہلو پر غور و فکر کرنے کے بعد زیرِ لب مسکراہٹ سے ہی محظوظ ہوا جاتا ہے۔ رشید صاحب طنز و مزاح سے بے ساختگی اس طرح سلب کر لیتے ہیں کہ ان سے صرف خواص کا زمرہ ہی لطف اٹھا سکتا ہے۔ انھوں نے طنز و مزاح کی فنی خصوصیات کو اُجاگر کیا، اپنی فکر انگیز ظرافت سے شخصیت کی تہذیب کی نیز تضحیک، توقیر، ہمدردی اور کہیں کہیں رقّت کی لطیف آمیزش بھی نظر آتی ہے۔ ان کے یہاں شستہ ظرافت پائی جاتی ہے۔ رمز و کنایہ میں تنقید کے دشوار گذار مراحل سے گزر جانا رشید صاحب کا ہی حصہ ہے۔ وہ جب کسی واقعے سے متعلق اپنے ذاتی جذبات اور احساسات کو طنزیاتی انداز میں پیش کرتے ہیں تو قاری اسے مذاق سمجھ کر ٹال نہیں سکتا۔ آل احمد سرور لکھتے ہیں:

"اکبر کے بعد اردو میں طنزیاتی روح سب سے زیادہ رشید احمد صدیقی کے یہاں ہے، ان کی سوجھ بوجھ بہت اچھی ہے اور ان کا تخیّل خلاق ہے، وہ معمولی باتوں میں مضحک پہلو بہت جلد دیکھ لیتے ہیں وہ قولِ محال یا Paradox کے ماہر ہیں اور الفاظ کے الٹ پھیر سے

خوب کام لیتے ہیں۔ ان میں ایک سولیٹ کی تیزی، برناڈ شاہ کی بُت شکنی، جسٹرٹن کی طباعی تینوں کے نمونے ملتے ہیں۔"۱؎

رشید صاحب کے طنز میں تلخی اور زہرناکی کا احساس نہیں ہوتا وہ چھوٹے چھوٹے فقروں سے بہت کام لیتے ہیں۔ ان کے فن میں عامیانہ پن نہیں بلکہ گہرائی اور گیرائی کا بول بالا ہے۔ انھوں نے زندگی کے ہر پہلو کو اپنے طنز کا نشانہ بنایا ہے۔ شعر و ادب سے قطع نظر سیاست، تاریخ اور دیگر علوم و فنون کو بھی اپنے موضوع میں شامل کر لیا ہے جس کے سبب ان کے طنز و مزاح سے لطف اٹھانا آسان کام نہیں بلکہ خاصا باشعور اور بے حد شائستہ مذاق کا حامل ہونا ضروری ہے۔ ان کے مزاح کے موضوعات میں تنوّع اور رنگارنگی ہے۔ طنز و مزاح کے کسی خاص مکتبِ خاطر سے ان کی وابستگی نہیں رہی، انھوں نے سامراج، پارلیمان اور آئی سی ایس عہدیداروں پر کاری چوٹیں کیں۔

علی گڑھ مسلم یونیورسٹی جو ایک قومی اور بین الاقوامی ادارہ ہے رشید صاحب نے وہاں اپنا وقت ایک طالبِ علم اور استاد کی حیثیت سے گذارا، ان کی پوری ذہنیت علی گڑھ کی ہے جو ہندوستانی تہذیب کے بڑے طبقے کی سماجی زندگی سے ماخوذ ہے۔ طنز و مزاح کے تعلق سے وہ علی گڑھ کے متعلق لکھتے ہیں:

"طنز و مزاح کی میری ابتدائی مشق کچی بارک اور ڈائننگ ہال سے شروع ہوئی یہی کچی بارک اور ڈائننگ ہال علی گڑھ سے باہر کہیں نصیب ہوئے ہوتے تو کچھ تعجب نہیں طبیعت یا طنز و ظرافت کی طرف ہی مائل نہ ہوتی یا پھر ان کا وہ انداز میسر نہ آتا جو یہاں آیا"۔ ۲؎

اس حقیقت سے انکار نہیں کیا جا سکتا کہ رشید صاحب نے علی گڑھ سے جو کچھ لیا اس سے کہیں زیادہ اردو ادب کو دیا۔ انھوں نے اپنے شاگردوں پر ایسا اثر چھوڑا کہ ان کے لہجے

،اسلوب اور اندازِ بیان کی نقل کرنا ایک فیشن ہو گیا چنانچہ آل احمد سرور، خورشید الاسلام اور قاضی عبد الستار کی تحریریں ان سے ملتی جلتی نظر آتی ہیں۔ برجستگی، جملے کسنا، بات سے بات پیدا کرنا، ذومعنیت علی گڑھ کی خاص خصوصیت ہے۔ رشید صاحب نے اپنی تحریروں میں اسے سمونے کی کوشش کی ہے۔ اس میں شک کی گنجائش نہیں کہ ان کے فن نے علی گڑھ کی وجہ سے جِلا پایا اور اردو میں ایک نیا انداز وجود پذیر ہوا۔

اسلوب قلم کار کے فن کی کسوٹی ہے۔ مصنف کی شخصیت، اس کی خوبیاں خامیاں، اس کی پسند ناپسند ساری چیزیں اس کے اسلوب میں کار فرما نظر آتی ہیں۔ یہ ممکن ہے کہ ایک فنکار دوسرے فنکار کے اسلوب کی نقل کر لے لیکن اس کی روح کو نہیں پا سکتا۔ رشید صاحب سر سیّد، غالب، شبلی، سجاد انصاری، ابو الکلام آزاد اور ڈاکٹر ذاکر حسین سے بہت متاثر ہیں اسی لیے ان کی تحریروں میں ان ساری آوازوں کی گونج سنائی دے گی لیکن یہ ساری آوازیں آپس میں اس طرح گھل مل گئی ہیں کہ صرف ایک آواز یا ایک اسلوب کا گماں ہوتا ہے اور وہ ہے رشید صاحب کی اپنی ذاتی آواز اور منفرد اسلوب۔

رشید صاحب کے اسلوب کی ایک نمایاں خصوصیات صنعتِ تجنیس (Alliteration) کا استعمال ہے۔ بذاتِ خود یہ کوئی اہم صنعت نہیں ہے لیکن عبارتوں میں ایسے انداز سے اسے لاتے اور کھپاتے ہیں کہ مزاح کی چاشنی دوبالا ہو جاتی ہے۔ یہ صنعت لازمی طور پر عبارت کی شعریت اور دلکشی میں اضافہ کرتی ہے۔ رشید صاحب کے یہاں قولِ محال (Paradox) کا استعمال بہت ہی مہارت اور صنّاعی کے ساتھ ملتا ہے۔ قولِ محال کے استعمال سے طنز و مزاح کا رنگ چوکھا ہو جاتا ہے۔ رشید صاحب کے اسلوب پر تبصرہ کرتے ہوئے ڈاکٹر وزیر آغا لکھتے ہیں:

"جدید اردو نثر کے ممتاز طنز نگار پروفیسر رشید احمد صدیقی ہیں۔ ان کی نگارش کی

امتیازی خصوصیت اس کی تحلیل ہے۔ اس تحلیل کے لیے وہ لفظی بازی گری اور فلسفیانہ عمل دونوں سے کام لیتے ہیں۔۔۔ طنز میں یہ فلسفیانہ کھیل ہی دراصل رشید احمد صدیقی کا سب سے مضبوط اور سب سے کمزور حربہ ہے۔ مضبوط اس لیے کہ اس کی مدد سے وہ اپنے مضامین میں ایک خاص طنزیہ کیفیت کو جنم دے دیتے ہیں اور کمزور اس لیے کہ اس کے باعث ان کے طنز نہ صرف ایک فلسفیانہ اور علمی رنگ اختیار کرلیتے ہیں بلکہ اس پر بذلہ سنجی (WIT) کے عناصر کا تسلط بھی قائم ہو جاتا ہے۔۔۔ رشید احمد صدیقی کے طنز کو استعاروں، علامتوں اور مبہم اشاروں نے اتنے نقاب پہنا دیے ہیں کہ صرف وہی لوگ جنھیں اس ماحول کی معطر تنہائی تک رسائی حاصل ہے اس سے پوری طرح لطف اندوز ہوسکتے ہیں"۔ ۳۔

رشید صاحب کے یہاں عدالتی اصطلاحات بھی ملتی ہیں اس کی وجہ یہ ہے کہ انھیں اس کا تجربہ ہو چکا تھا نیز طبی اصطلاحات بھی ملتی ہیں اس کی وجہ انھوں نے خود لکھی ہے کہ "میں ہمیشہ مریض رہا ہوں"۔ ان کے اسلوب کی ایک خصوصیت یہ بھی بیان کی جاتی ہے کہ وہ کسی موضوع پر خیال آرائی کرتے کرتے اچانک موضوع سے ہٹ جاتے ہیں اور دوسرے طویل قصے چھیڑ دیتے ہیں اس طرح فطری طور پر قاری کے ذہن کو دھچکا لگتا ہے چنانچہ پڑھنے والے کی طبیعت اُچاٹ ہونے لگتی ہے نیز اصل موضوع اور ثانوی قصوں میں ربط تلاش کرنا مشکل ہو جاتا ہے۔ موضوع سے ہٹ جانے کا مطلب یہ نہیں ہے کہ وہ غیر ضروری باتیں لکھتے ہیں یا خواہ مخواہ اِدھر اُدھر کی اُڑاتے ہیں بلکہ ان طویل باتوں میں ایک فنکارانہ کفایت پسندی سے جس کے ذریعے وہ اصل موضوع کے مختلف زاویوں کے ذریعے دماغ کے مختلف گوشوں پر چھا جاتے ہیں۔

رشید صاحب کی تحریروں میں صیغہ واحد متکلم کا استعمال کثرت سے پایا جاتا ہے۔ یہ

چیز شخصی انانیت کی وجہ سے نہیں ہے بلکہ ذاتی تجربے پر زور دینے کے لیے ہے مثلاً "میں اکثر غور کرتا رہتا ہوں کہ آخر شعراء درد گردہ میں کیوں نہ مبتلا ہوئے"، "میں نے کہا مرشد ذاتیات اور قومیات دونوں پر لعنت بھیجیے" یا "میں نے کہا حاجی صاحب دیکھیے ملنے سے کتنی غلط فہمیاں دور ہو جاتی ہیں" وغیرہ وغیرہ یہ تحریر کی خامی نہیں ہے، ہاں اگر اسکا استعمال کم کیا جاتا تو مناسب تھا۔

رشید صاحب کی تحریروں میں ایمائیت ضرور موجود ہے لیکن اس لیے نہیں کہ خیالات کی ہم آہنگی نہیں ہے بلکہ اس لیے کہ خیالات میں گہرائی پائی جاتی ہے۔ عربی اور فارسی کے الفاظ فطری اور بے ساختہ انداز میں آ جاتے ہیں۔ ان کے بر محل اور برجستہ استعمال کی وجہ سے تصنّع کا گمان نہیں ہوتا۔ لفظوں کے استعمال میں انھوں نے نہایت احتیاط سے کام لیا ہے۔ جہاں کہیں انھوں نے تصنّع اور نمائش سے کام لیا ہے وہ محض موضوع کو ترفع اور وقار بخشنے کے لیے ہے۔ پروفیسر محمد حسن نے رشید صاحب کی طرزِ تحریر کی تشکیل میں تین اہم عناصر کی واضح طور پر نشاندہی کی ہے۔ اقتباس بہت طویل ہے اس لیے ہم مختصر طور پر منتخب چیزوں کو ہی موصوف کی زبانی پیش کرتے ہیں :

"پہلا عنصر ضلع جونپور کے اطراف و جوانب کی قصباتی زندگی اور تہذیب اور اس کے ساتھ ساتھ ضلع کی عدالتوں کے اس ماحول کا اثر ہے جس سے رشید صاحب ابتدا میں وابستہ رہے۔ یہ قصباتی تہذیب وہ تھی جو واجد علی شاہ کی معزولی کے بعد دہلی اور لکھنؤ کی پروردہ ہند ایرانی تمدن کی باقیات کی حیثیت سے نواح کے قصبوں میں بکھر گئی تھی اس تہذیب میں رکھ رکھاؤ، ضبط و احتیاط، توازن، تمیز اور شائستگی موجود تھی۔ قانونی عدالتوں کی فضا لفظوں کے منطقی ملحقات کے گرد بکھری ہوئی اور لفظی موشگافیوں کی پیدا کردہ وکیلوں، جھوٹے گواہوں، اہلکاروں اور پیش کاروں کی فضا ہے جس میں ہندوستانی سماج کی

ذہانت، چالاکی، عظمت و عبرت کی داستان سموئی ہوئی ہے۔

دوسرا اہم عنصر علی گڑھ کی اقامتی زندگی، علی گڑھ کالج آج بھی چھوٹا سا شہر ہے، رشید صاحب کے زمانے میں قصبہ ہی تھا، یکوں کا چلن تھا، اقامت گاہوں میں دھول اُڑتی تھی، کچھ بارکیں تھیں لہٰذا تفریحی مشاغل میں گپ اور اقامتی زندگی کی شرارتوں کا درجہ سب سے بلند تھا اس کے بعد یونین کی ڈبیٹ اور کرکٹ اور ٹینس کے لان۔ اقامتی زندگی کی گپ میں ایک شگفتہ لب ولہجہ، نجی اندازِ گفتگو، قصہ گوئی کی تصویر کشی، قوتِ بیان اور خوش طبعی کا رنگ لازمی ہے جہاں گفتگو سنجیدگی سے بوجھل ہوئی لوگوں کی توجہ بھٹکنے لگی۔ اس اقامتی زندگی کا ایک فیض یہ بھی تھا کہ رشید صاحب صرف انھیں موضوعات پر قلم اٹھاتے تھے جو اس زمانے کے علی گڑھ کالج والوں کے لیے مانوس اور متعارف تھے۔

تیسرا اہم عنصر انگریزی کے ان صاحبِ طرز انشا پردازوں کا اثر ہے جن تک رشید صاحب کی رسائی غالباً علی گڑھ کالج کے ذریعے ہوئی ان سے رشید صاحب نے طہارتِ فکر اور لبرل ازم نہیں سیکھا بلکہ اظہار کے لیے ایسے متعدد پیرائے بھی سیکھے جو انگریزی نثر میں خاصے کا درجہ رکھتے تھے۔ مختصر ترین لفظوں میں بلیغ انداز سے کسی بات کو اس انداز سے ادا کرنا کہ اس سے ایک جہانِ معنی نظر کے سامنے آجائے اور پھر قدرتِ ادا، شگفتہ بیانی اور لطیف مزاح کے پہلو بھی ہاتھ سے نہ جانے پائیں یا متضاد خیالات کو قولِ محال کی شکل میں ترتیب دے کر رنگین بیانی کا انداز پیدا کرنا یا طویل مرکب جملوں کی مدد سے پورا نگار خانہ سجانا یہ سب ہنر ایسے ہیں جو مغرب سے اور بالخصوص انگریزی نثر نگاروں کے اثر سے ان تک پہنچے ہیں اور انھیں رشید صاحب نے اپنے مزاح کے نسخہ کیمیا سے اس طرح ترتیب دیا ہے کہ وہ خاص انھیں کی ایجاد قرار پائے"۔[۴]

مندرجہ بالا اقتباس طویل ضرور ہے لیکن رشید صاحب کے اسلوب کے سلسلے میں

عمدہ مواد فراہم کرتا ہے چنانچہ وہ کسی بھی طرح افادیت سے خالی نہیں۔

زبان کے تعلق سے عربی، فارسی کے الفاظ اور فقرے استعمال ہوئے ہیں۔ انھوں نے اپنی بات کو پورا کرنے کے لیے عربی، فارسی شعراء کے مصرعوں کا سہارا لیا ہے۔ عربی، فارسی کے محاوروں اور کہاوتوں کا بر محل استعمال عبارت میں رعنائی پیدا کرتا ہے۔ ان کے پسندیدہ شاعر سعدیؔ، حافظؔ، غالبؔ، میرؔ اور اکبرؔ الہ آبادی ہیں۔ انھوں نے زیادہ تر انھیں شعراء کے کلام سے مصرعے لے کر اپنی تحریر میں استعمال کیا ہے اور انھیں اپنی تحریر کا حصہ بنالیا ہے۔

"مضامینِ رشید" اور "خنداں" رشید صاحب کے طنز و مزاح کا بہترین نمونہ ہیں، ان میں انھوں نے بعض اہم شخصیات کا بھی ذکر کیا ہے اور اپنے طرزِ تحریر کے زور سے اس طرح بیان کرتے ہیں کہ وہ ہمارے سامنے ہنسے بولتے ہوئے نظر آتے ہیں۔ موضوع غیر دلچسپ ہونے کے باوجود عبارت میں وہ شگفتگی اور رعنائی ہے کہ جی نہیں بھرتا لیکن جو بات "مضامینِ رشید" میں ہے وہ "خنداں" میں نہیں اگرچہ "خنداں" نقشِ ثانی ہے۔ اسلوب احمد انصاری کے بقول "یہ امر واقعی قابلِ افسوس ہے کہ "مضامینِ رشید" کے بعد سے جو بالکل ابتدائی زمانے میں لکھے گئے تھے، رشید صاحب کی مزاح نگاری کا فن برابر روبہ تنزل رہا ہے حتیٰ کہ "خنداں" مں رہ وہ تقریباً ترقی معکوس کے درجے پر پہنچ گئے ہیں" لیکن اسی کے مقابلے میں آل احمد سرور کا خیال ہے کہ "ان کے یہاں صاف ایک ارتقا ملتا ہے"۔ 'خنداں' دراصل ریڈیائی تقاریر کا مجموعہ ہے۔ ظاہر ہے ایسے مضامین میں موضوع اور اندازِ بیان دونوں لحاظ سے ہر سطح کے قاری یا سامع کا خیال رکھنا پڑتا ہے۔ ریڈیو پر وقت کی پابندی کے ساتھ ساتھ اور بھی کئی طرح کی پابندیاں فنکار کی تخلیقی آزادی میں رخنہ انداز ہو کر فن کو مجروح کرتی ہیں۔ رشید صاحب کو خود اس بات کا

احساس ہے۔'خنداں' کے مضامین اپنی فکری و فنی ناہمواریوں کے باوجود بھی اس لیے اہم ہیں کہ ان میں اختصار، موضوعات کا تنوّع، سیدھا سادہ اور دلچسپ اندازِ بیان پایا جاتا ہے اور یہ مضامین خواص و عوام سب کی دلچسپی کے ہیں۔ طنز و مزاح کے لطیف اشارے ان میں موجود ہیں اس لیے 'خنداں' کا پس منظر بغیر جانے ہوئے یہ فیصلہ صادر کردینا کہ جو فن کی بالیدگی 'مضامینِ رشید' میں ہے وہ 'خنداں' میں ناپید ہے، حقیقت سے انحراف ہے۔

مرقع نگاری میں 'گنج ہائے گراں مایہ' اور 'ہم نفسانِ رفتہ' رشید صاحب کے اہم کارنامے ہیں۔ موضوع سے مکمل مناسبت قائم کرنے کے لیے وہ اپنے اسلوب میں لچک پیدا کرتے ہیں۔ محمد علی کے لیے جو انھوں نے اسلوب اختیار کیا ہے وہ دوسروں کے لیے نہیں۔ اسلوب کی عدمِ یکسانیت کے باوجود ہر جگہ رشید صاحب کی جھلک صاف نظر آتی ہے۔ ان کے اسلوب کی دلکشی کا کمال یہ ہے کہ یہ مرقعے نہیں پیش کرتی بلکہ نئے کرداروں کی تخلیق کرتے ہیں۔

بقول اسلوب احمد انصاری "اچھی نثر وہ ہے جس میں جھول اور رخنہ نہ ہو جو ذہن اور جذبات دونوں کو اپیل کرے، جس میں الفاظ ہر طور پر اور قطعیت کے ساتھ شیر و شکر ہوں اور سخت گیر نظم و ضبط کے باوجود شخصیت کی تابناکی، رنگ اور حرکت اس میں دہکتی ہو۔ رشید صاحب کی نثر میں یہ تمام خوبیاں پائی جاتی ہیں"۔۵

حواشی:

۱ تنقیدی اشارے، آل احمد سرور، ص۱۶۳-۶۴، ایڈیشن ۱۹۵۵، ناشر: ادارہ فروغِ اردو، امین آباد پارک، لکھنؤ، مطبع: سرفراز قومی پریس، لکھنؤ۔

۲ آشفتہ بیانی میری، رشید احمد صدیقی، ص۱۲۸، محولہ رشید احمد صدیقی، سلیمان

اطہر جاوید، ایڈیشن ۱۹۸۸، ناشر: ساہتیہ اکادمی نئی دہلی، مطبع: ومل آفسیٹ دہلی۔

۳۔ اردو ادب میں طنز و مزاح، وزیر آغا، ص ۲۱۴، محولہ 'آج کا اردو ادب' ابواللیث صدیقی، ص ۳۱۲، ایڈیشن ۱۹۷۹، تقسیم کار: ایجوکیشنل بک ہاؤس علی گڑھ مطبع: تاج آفسیٹ پریس، الہ آباد۔

۴۔ شناسا چہرے، محمد حسن، ص ۱۹۴، ۱۹۳، ۱۹۲، ایڈیشن ۱۹۷۹، ناشر: ایجوکیشنل بک ہاؤس، علی گڑھ، مطبع: تاج آفسیٹ پریس، الہ آباد۔

۵۔ 'نقد و نظر' تنقیدی ششماہی، ص ۶، ۱۹۸۰۔ مطبع: لیتھو کلر پرنٹرس، اچل تال، علی گڑھ، جلد: ۲، شمارہ: ۱۔

* * *

پطرس بخاری کی نثر میں مزاح

شمس الرحمن فاروقی

پطرس بخاری (۱۸۹۸ تا ۱۹۵۸) کے بارے میں عام طور پر کہا جاتا ہے کہ ان کے مزاح پر انگریزی کا بہت اثر ہے، لیکن خوش گوار اثر ہے۔ یہ بات صحیح ہے لیکن یہ پوری بات نہیں ہے۔ بے شک، پطرس انگریزی کے پروفیسر تھے، اور وہ بھی اس زمانے میں، جب معمولی بی۔ اے۔ پاس شخص بھی با محاورہ انگریزی بے تکلف لکھتا اور بولتا تھا۔ اور پطرس کے بارے میں سب کہتے ہیں کہ ان کو انگریزی زبان اور ادب پر غیر معمولی قدرت حاصل تھی اور وہ اپنے علم کو اپنے طالب علموں تک منتقل بھی کر سکتے تھے، یعنی وہ بہت اچھے استاد بھی تھے۔ یہ سب باتیں درست ہیں، لیکن ان سے یہ ثابت نہیں ہوتا کہ انھوں نے اپنے مزاح کا اسلوب انگریزی سے حاصل کیا ہے۔ حقیقت یہ ہے کہ پطرس بخاری کی نثر اور مزاح، دونوں کا مزاح ہماری روایت کے اس رنگ کا ایک اظہار ہے جسے نظم میں اکبر الہ آبادی اور اقبال نے چمکایا اور روشن کیا تھا اور جسے نثر میں خواجہ حسن نظامی (۱۸۷۸ تا ۱۹۵۵) اور مرزا فرحت اللہ بیگ (۱۸۸۴ تا ۱۹۴۷) نے پروان چڑھایا تھا۔ پطرس بخاری کے علاوہ اس طرز کے لکھنے والوں میں رشید احمد صدیقی (۱۸۹۶ تا ۱۹۷۷) اور ملا رموزی (۱۸۹۶ تا ۱۹۵۲) کے بھی نام ہیں۔ آج اس طرز کے نمایاں ترے ن لکھنے والے مشتاق احمد یوسفی (پیدائش ۱۹۲۳) ہیں جنھوں نے اس کے مختلف

پہلوؤں کو اتنی ترقی دی ہے کہ وہ ایک اپنے ہی رنگ کے موجد بن گئے ہیں۔ یہ بات بھی خیال میں رکھنے کی ہے کہ رشید احمد صدیقی، اور ملا رموزی کی پیدائش ایک ہی سال میں ہوئی (۱۸۹۶)، اور پطرس بخاری ان کے صرف دو سال بعد پیدا ہوئے (۱۸۹۸)۔ لہٰذا یہ تینوں ایک دوسرے پر اثر انداز ہوئے ہوں، یہ کوئی اچنبھے کی بات نہیں ہے۔

طنز و مزاح کے جس رنگ کی نمائندگی متذکرہ بالا ادیبوں کے یہاں نظر آتی ہے، اس میں "ادبیت" کا عنصر بہت نمایاں ہے۔ "ادبیت" سے مراد یہ نہیں کہ دوسرے طنز و مزاح نگاروں کی تحریریں "ادب" نہیں ہیں۔ "ادبیت" سے میری مراد یہ ہے کہ ان سب کے یہاں ادبی حوالے کثرت سے ہیں۔ دوسری بات یہ کہ عمومی طور پر اردو ادب سے واقفیت کے بغیر ان لوگوں کی تحریر سے پوری لطف اندوزی ممکن نہیں ہے۔ تیسری بات یہ کہ یہ لوگ زبان کے مضمر امکانات، یعنی ایہام، رعایت لفظی، جس کا ایک روپ "ضلع" یا "ضلع جگت" بھی ہے، اور لفظی مناسبتوں کو خوب استعمال کرتے ہیں اور ان کی تحریر سے لطف اندوزی کے لئے یہ بہت ضروری ہے کہ زبان اردو سے ہماری واقفیت بہت اچھی ہو اور ہم میں یہ صلاحیت ہو کہ زبان کی باریکیوں کو بھی سمجھ سکیں۔

ایسا نہیں کہ ان لوگوں کے یہاں طنز نہیں ہے۔ طنز بھی ہے، لیکن یہ لوگ مزاح برائے مزاح کا فن بھی جانتے ہیں اور انھیں کوئی شگفتہ، دلچسپ فقرہ یا بات سوجھ جائے تو وہ اسے ضرور لکھ ڈالتے ہیں۔ یہ بات غور کرنے کی ہے کہ طنز میں بھی وہی شخص کامیاب ہوتا ہے جو ذرا سی بات میں بھی شگفتگی کا پہلو ڈھونڈ لیتا ہے۔ اکبر الٰہ آبادی کے چند شعر ان تمام باتوں کی مثال کے لئے کافی ہوں گے

ابھی اس راہ سے انجن گیا ہے
کہے دیتی ہے تاریکی ہوا کی

نئی نئی ایجادیں فائدہ مند ہیں، لیکن ان سے نقصان بھی ہوتے ہیں۔ پرانے زمانے میں ریل کے انجن کوئلے سے چلتے تھے اور بہت دھواں چھوڑتے تھے۔ شاید ہی کوئی ہندوستانی ایسا رہا ہو جس نے ریل کے نقصانات میں یہ بھی دیکھ لیا ہو کہ اس سے ماحول میں آلودگی پیدا ہوتی ہے۔ یہ بات تو شعر کا ایک پہلو ہے۔ اب دوسرا پہلو اس شعر میں دیکھئے

ابھی اس راہ سے کوئی گیا ہے
کہے دیتی ہے شوخی نقش پا کی

یہ بہت مشہور شعر ہے جو عام طور پر مومن سے منسوب کیا جاتا ہے لیکن عرش گیاوی نے لکھا ہے کہ در اصل مصرع ثانی مومن کے شاگرد میر حسین تسکین کا ہے۔ تسکین سے مصرع اولیٰ نہیں بن رہا تھا تو وہ استاد کے پاس آئے۔ مومن نے فوراً مصرع لگا کر شعر پورا کیا۔ اس انتہائی مشہور عاشقانہ شعر کو بدل کر طنزیہ بنا دینا اور وہ بھی جدید مضمون کا حامل کر دینا، یہ طنزیہ مزاحیہ شاعری کی معراج ہے۔ اسی طرح، اکبر کا یہ شعر دیکھئے

یا الٰہی یہ کیسے بندر ہیں
ارتقا پر بھی آدمی نہ ہوئے

سب جانتے ہیں کہ ڈارون کے نظریے کے اعتبار سے انسان کئی ارتقائی منزلیں طے کر کے انسانیت کے درجے پر پہنچا ہے۔ ان منزلوں میں ایک منزل Primates کی بھی تھی، یعنی بندروں کی قسم کے جانور۔ اکبر نے اس خیال کا فائدہ اٹھا کر انگریزوں پر طنز کیا ہے اور اس کی بنیاد محاورے پر رکھی ہے: آدمی بننا / آدمی ہونا۔ اس کے معنی ہیں "مہذب، شائستہ کردار و اطوار اختیار کرنا۔" اکبر سے اس محاورے کو لغوی اور محاوراتی دونوں معنی میں استعمال کیا اور مصرع اولیٰ میں بظاہر معصومیت لیکن در اصل چالاکی بھرا

استفہامی اور استعجابی لہجہ اختیار کیا۔

اکبر کا سارا کلام ایسا نہیں ہے، لیکن خاصا حصہ ان کے کلام کا اسی طرز کا ہے۔ اور اسی طرز کو ذرا آگے لے جائیں تو پطرس اپنے مضمون "لاہور کا جغرافیہ" میں کہتے ہیں:

مختصر مگر جامع الفاظ میں بزرگ یوں بیان کرتے ہیں کہ لاہور لاہور ہی ہے۔ اگر اس پتے پر آپ کو لاہور نہیں مل سکتا تو آپ کی تعلیم ناقص اور آپ کی ذہانت فاتر ہے۔

یہ جملہ دراصل پنجابی کی ایک مشہور کہاوت پر مبنی ہے کہ جس نے لاہور نہیں دیکھا وہ پیدا ہی نہیں ہوا۔ پطرس نے اس کہاوت کی مزاحیہ تشریح بھی کی ہے اور اس پر طنز بھی کیا ہے۔ لاہور والوں پر بھی طنز ہے کہ وہ سمجھتے ہیں، ہر شخص کو معلوم ہی ہونا چاہیئے کہ لاہور کیا ہے اور کہاں ہے۔ پطرس سے ایک ہزار برس پہلے مشہور شاعر مسعود سعد سلمان لاہوری (۱۰۴۶تا۱۱۲۱) نے لاہور کی تعریف میں بہت سے شعر کہے تھے۔ اس کے زمانے میں لاہور کا نام "لہاوور" بھی تھا۔ مسعود نے اسے عربی فقرے "لہانور" سے بدل دیا جس کے معنی ہیں "اس کے لئے روشنی ہے"۔ پطرس کو بھی لاہور سے بہت محبت ہے، لیکن وہ اس کا اظہار لاہور اور لاہور والوں کی ہنسی اڑا کر کرتے ہیں۔ یہ انداز ایک حد تک انگریزی مذاق سے متاثر کہا جاسکتا ہے، لیکن شہروں کی تعریف میں ہمارے یہاں بھی بہت سے بڑے بڑے شاعروں نے نثر و نظم لکھی ہے۔ یہ رسم ہندوستانی ہے، انگلستانی نہیں۔

پطرس آگے لکھتے ہیں:

لاہور پنجاب میں واقع ہے۔ لیکن پنجاب اب پنج آب نہیں رہا۔ اس پانچ دریاؤں کی سرزمین میں اب صرف ساڑھے چار دریا بہتے ہیں اور جو نصف دریا ہے، وہ تو اب بہنے کے قابل بھی نہیں رہا۔ اصطلاح میں اسے راوی ضعیف کہتے ہیں۔ ملنے کا پتہ یہ ہے کہ شہر کے

قریب دو پل بنے ہیں۔ ان کے نیچے ریت میں یہ دریا لیٹا رہتا ہے۔ بہنے کا شغل عرصے سے بند ہے۔

طنز، اور تھوڑے سے مزاح کے رنگ میں پطرس اس بات پر تشویش کا اظہار کر رہے ہیں کہ نہریں نکالے جانے اور عام آلودگی کے باعث درے اے راوی کا پانی اب بہت کم ہو گیا ہے اور جہاں پانی ہونا چاہیئے وہاں اب صرف ریت ہے۔ صنعتی ترقی کے نقصانوں میں ماحولیاتی آلودگی اور پانی کی خرابی اور کمی بھی ہے۔ یہ احساس ہمیں اکبر الہ آبادی کے یہاں ملتا ہے اور ہم اسے پطرس کے یہاں بھی دیکھتے ہیں۔ فرق صرف یہ ہے کہ اکبر کا لہجہ بہت تیز اور اندرونی غم سے بھرا ہوا ہے۔ اکبر کے برخلاف پطرس ہنس بول کر اپنی بات کہتے ہیں اور بہت خوب کہتے ہیں۔ غم تو پطرس کو بھی ہے، لیکن وہ اسے دل میں دبا لیتے ہیں، اوپر نہیں آنے دیتے۔ اسے بھی شاید ایک حد تک انگریزی اثر کہہ سکتے ہیں۔

اور آگے دیکھئے۔ اکبر نے "آدمی بننا / آدمی ہونا" کے محاورے کو نئے معنی میں استعمال کیا تھا۔ پطرس بخاری نے "راوی ضعیف" کی مذہبی اصطلاح کو نئے معنی دے دیئے ہیں۔ حدیث اور تاریخ کی اصطلاح میں "ضعیف" راوی (یعنی روایت کنندہ، بیان کرنے والا) وہ ہوتا ہے جس کی بات ہمیشہ قابل اعتبار نہیں ہوتی۔ محتاط علما ایسے راویوں کی بیان کردہ باتوں کو نظر انداز کر دیتے ہیں۔ پطرس کے مضمون میں چونکہ درے اکا نام بھی "راوی" ہے۔ لہٰذا وہ خشک ہوتے ہوئے دریا کے لئے "راوی ضعیف" کی اصطلاح استعمال کرتے ہیں، یعنی درے اے راوی اب پہلے جیسا ذخار اور پر شور نہیں رہ گیا ہے۔ یہاں مزاح کی تہ میں طنز سے زیادہ غم جھلکتا معلوم ہوتا ہے۔ چند جملوں کے بعد پطرس نے لاہور کے بڑھتے ہوئے رقبے کے بارے میں یوں لکھا ہے:

اب لاہور کے چاروں طرف بھی لاہور ہی واقع ہے اور روز بروز واقع تر ہو رہا ہے۔ ماہرین کا اندازہ ہے کہ دس بیس سال کے اندر لاہور ایک صوبے کا نام ہو گا جس کا دار الخلافہ پنجاب ہو گا۔ یوں سمجھئے کہ لاہور ایک جسم ہے جس کے ہر حصے پر ورم نمودار ہو رہا ہے لیکن ہر ورم مواد فاسد سے بھرا ہے۔

اس غیر معمولی تحریر کی داد دینے کے لئے کئی پیراگراف درکار ہوں گے۔ بس اسی پر بس کرتا ہوں کہ "واقع تر ہو رہا ہے" کا لطف لینے کے لئے اس بات کو نظر میں رکھئے کہ اس میں مزاح بھی ہے اور رنج بھی اور ایک طرح کی مایوسی بھی۔ "واقع ہونا" گویا بری چیز ہے اور اس کی زیادتی کو بیان کرنا یوں ہی ممکن ہے کہ اس کو صفت کے طور پر استعمال کر کے اس کے ساتھ "تر" لگایا جائے، جیسے "بہتر، بدتر، خوش تر، سنگین تر" وغیرہ، ویسے ہی "واقع ہونا" کی بھی کثرت ہو سکتی ہے۔ اسی لئے کہا گیا ہے کہ مزاح کی بنے ادب تکے پن پر، یعنی incongruity پر ہے۔

ڈاکٹر محمد صادق یوں تو انگریزی کے پروفیسر تھے لیکن انھوں نے اردو ادب کے متعلق کئی مشہور کتابیں لکھی ہیں۔ ان کی سب سے مشہور کتاب اردو ادب کی تاریخ ہے جو آکسفورڈ سے A History of Urdu Literature کے نام سے دو بار شائع ہو چکی ہے۔ ڈاکٹر صادق صاحب کا نقطہ نظر عام طور پر انگریزی اصول و خیالات پر مبنی ہے۔ انھوں نے اپنی تاریخ میں لکھا ہے کہ پطرس کا بہترین مضمون "کتے" ہے۔ میں اس خیال سے اتفاق نہیں کرتا۔ "کتے" نہایت عمدہ مضمون ہے، لیکن "لاہور کا جغرافیہ" اس سے بہت بہتر ہے اور اسے پطرس کا بہترین مضمون کہا جا سکتا ہے۔ بہر حال، "کتے" کے بارے میں بھی یہ خیال ہو سکتا ہے کہ انگریزی طرز کا مضمون ہو گا، کیونکہ وہاں بھی چھوٹی چھوٹی چیزوں اور روز مرہ کی باتوں پر مضمون لکھنے کا رواج عام ہے۔ لیکن ہمارے یہاں تو

خواجہ حسن نظامی اس طرح کے مضامین کی بنیاد بہت پہلے ڈال چکے تھے۔ "دیا سلائی"، "جھینگر" وغیرہ ان کے بہت سے مضامین ناقابل فراموش ہیں۔ بہر حال، "کتے" سے کچھ اقتباس دیکھتے ہیں:

کتا وفادار جانور ہے۔ اب جناب وفاداری اگر اسی کا نام ہے کہ شام کے سات بجے جو بھونکنا شروع کیا تو لگاتار بغیر دم لئے صبح کے چھ بجے تک بھونکتے چلے گئے، تو ہم لنڈورے ہی بھلے۔ کل ہی کی بات ہے کہ رات کے گیارہ بجے ایک کتے کی طبیعت جو ذرا گدگدائی تو انھوں نے باہر سڑک پر آکر "طرح" کا ایک مصرع دے دیا۔ ایک آدھ منٹ کے بعد سامنے کے بنگلے سے ایک کتے نے مطلع عرض کر دیا۔ اب جناب ایک کہنہ مشق استاد کو جو غصہ آیا، ایک حلوائی کے چولھے سے باہر لپکے اور پوری غزل مقطع تک کہہ گئے۔ اس پر شمال مشرق کی طرف سے ایک قدر شناس کتے نے زوروں کی داد دی۔ اب تو حضرت وہ مشاعرہ گرم ہوا کہ کچھ نہ پوچھئے۔ کمبخت بعض تو دو غزلے سہ غزلے لکھ لائے تھے۔ کئی ایک نے فی البدیہہ قصیدے کے قصیدے پڑھ ڈالے۔

اس میں کوئی شک نہیں کہ محلے کے کتوں کے ایک ساتھ بھونکنے پر، خاص کر اگر کوئی اجنبی شخص سامنے آجائے، پطرس کی یہ تحریر لاجواب ہے۔ شاعروں پر طنز کے ساتھ کتوں کے بھونکنے سے لطف اندوز ہونے کا بیان اس چھوٹی سی عبارت میں اس قدر عمدہ ہے کہ گویا بولتی ہوئی تصویر سی کھنچ گئی ہے۔ اور خاص بات یہ کہ کتوں سے بیزاری کا کہیں شائبہ تک نہیں، اور مشاعرے کے شاعروں پر طنز الگ، کہ وہ غزل پر غزل سنائے جاتے ہیں، چاہے سامعین تنگ آ گئے ہوں۔

اب دوسرا اقتباس دیکھئے:

چونکہ ہم طبعاً ذرا محتاط ہیں اس لئے آج تک کتے کے کاٹنے کا کبھی اتفاق نہیں

ہوا۔ یعنی کسی کتے نے ہم کو نہیں کاٹا۔ اگر ایسا سانحہ کبھی پیش آیا ہوتا تو اس سرگذشت کے بجائے آج ہمارا مرثیہ چھپ رہا ہوتا۔ تاریخی مصرع، دعائیہ ہوتا ع

کہ اس کتے کی مٹی سے بھی کتا گھاس پیدا ہو

لیکن

کہوں کس سے میں کہ کیا ہے سگ رہ بری بلا ہے

مجھے کیا برا تھا مرنا اگر ایک بار ہوتا

اس عبارت کے متعلق فی الحال یہ کہہ کر بس کرتا ہوں کہ کتا گھاس والا مصرع حضرت ذوق کے ایک مصرعے کی مٹی خراب کر کے حاصل ہوا ہے اور شعر تو خیر مشہور ہی ہے کہ غالب کا ہے۔

لیکن ادبیت، خوش طبعی، طنز، جھنجھلاہٹ لیکن مزید ار جھنجھلاہٹ کے یہ سب انداز تھوڑے بہت فرق کے ساتھ ایک ایسے شخص کے یہاں بھی مل جائیں گے جس کے بارے میں عام خیال یہ ہے کہ وہ ہر وقت منھ بسورتا اور آہیں بھرتا پڑا رہتا ہے۔ ہنسنا تو بڑی چیز ہے، وہ مسکرانا بھی نہیں جانتا۔ مولوی عبدالحق سے لے کر مجنوں گورکھپوری تک نے یہی لکھا ہے۔ میری مراد میر تقی صاحب میر سے ہے۔ اب میر کی دو مثنویوں کے کچھ شعر آپ ملاحظہ کریں

ہو گھڑی دو گھڑی تو دتکاروں

ایک دو کتے ہوں تو میں ماروں

چار جاتے ہیں چار آتے ہیں

چار عف عف سے مغز کھاتے ہیں

کس سے کہتا پھروں یہ صحبت نغز

کتوں کا سا کہاں سے لاؤں مغز

(در ہجو خانہ خود)

*

کتوں کے چاروں اور رستے تھے

کتے ہی واں کہے تو بستے تھے

دو کہیں ہیں کھڑے کہیں بیٹھے

چار لوگوں کے گھر میں ہیں پیٹھے

ایک نے پھوڑے باسن ایکو نے

کھو دمارے گھروں سے سب کونے

گلہ گلہ گھروں میں پھرنے لگے

روٹی ٹکڑے کی بو پہ گرنے لگے

ایک نے آکے دیگچہ چاٹا

ایک آیا سو کھا گیا آٹا

ایک نے دوڑ کر دیا پھوڑا

پھر پیا آکے تیل اگر چھوڑا

(تسنگ نامہ)

پطرس کی بڑائی اس بات میں ہے کہ انھوں نے بہت کم لکھا، لیکن اس کم ہی میں اتنا زیادہ کہہ دیا کہ طنز اور مزاح کے سارے امکانات سامنے آگئے۔

***

طنز و مزاح کے بڑے شاعر اصلاح ملت کے عظیم علمبردار اکبر الہ آبادی

محمد عباس دھالیوال

اردو شاعری میں طنز و مزاح کے شعرا کا تذکرہ ہوتے ہی ادب میں "لسان العصر" کا لقب پانے والے اکبر الہ آبادی کا نام روز روشن کی طرح ہمارے سامنے آموجود ہوتا ہے اور ان کا نام کانوں پڑتے ہی مانو قارئین کے ذہن و دل میں جیسے ہنسی کے فوارے پھوٹنے لگتے ہیں۔ دراصل اکبر نے اس عہد میں اپنی شاعری کا آغاز کیا جب اردو کے بیشتر شعراء اپنی شاعری کا نصب العین محض محبوب کی زلف کے پیچ و خم کو سجانے سنوارنے کو ہی تسلیم کرتے تھے ایسے میں اکبر نے شاعری کی ان عام روایات کو خیر باد کہہ کر ادب کی اس نازک صنف شاعری کو اپنی قوم کی اصلاح کے لیے استعمال کیا اور تنزل و مغرب کی اندھی تقلید کرنے والے مسلمانوں کو اپنی شاعری میں طنز و مزاح کا نشانہ بناتے ہوئے انکی اصلاح کرنے کی ہر ممکن کوشش کی۔ اکبر نے اپنی شاعری کے ذریعہ قوم کی اصلاح کے جو نمایاں کارنامے انجام دیے وہ شاید اس وقت کے نثر نگار بھی نہ دے پائے۔

دراصل اکبرؔ نے جس دور میں ہوش سنبھالا اس عہد میں ہندوستان سیاسی' معاشی' معاشرتی اور ادبی نقطہ نظر سے انقلابی تبدیلیوں کے بڑے برے وقت سے گزر رہا تھا۔ اکبرؔ ابھی گیارہ سال کے ہی ہوئے تھے کہ ۱۸۵۷ء کی پہلی جنگ آزادی کی لڑائی

شروع ہوگئی۔ انگریز اس لڑائی کو غدر کا نام دیتے تھے۔ اس جنگ کی ناکامی کے بعد ہندوستان سے مغلیہ سلطنت کا خاتمہ ہوگیا اور اس عظیم الشان ملک کو انگریزوں نے اپنا پوری طرح سے غلام بنالیا۔

اسکے بعد انگریزوں نے مسلمانوں پر ظلم و ستم کا ایک بازار گرم کر دیا۔ وہ ہر طرح سے مسلمانوں کو کمزور کر دینا چاہتے تھے۔ کیونکہ انگریزوں کے من میں یہ بات گھر کر گئی تھی کہ اگر ہندوستان کو اپنے قبضے میں رکھنا ہے تو یہاں کے مسلمانوں کو کچل کر ہی اپنے قدم مضبوطی سے جما سکتے تھے۔

اس کے چلتے انگریزوں نے جہاں ایک طرف مسلمانوں کے قتل و غارت کا بازار گرم کر رکھا تھا تو دوسری جانب مسلمانوں کے تعلیمی نظام کو درہم برہم کر برباد کرنے پہ تلے ہوئے تھے۔

مسلمانوں کو سرکاری ملازمتوں سے لگاتار ہٹایا جا رہا تھا۔ ان کی جاگیریں ضبط کی جا رہی تھیں۔ ان منصب چھینے جا رہے تھے اور وظیفے ختم کر دیئے گئے تھے۔ متعدد افراد کو کالے پانی کی سزا سنائی گئی۔ انگریزوں کے خلاف اٹھنے والی ہر آواز کو دہلی اردو اخبار کے مدیر مولانا محمد باقر کی طرح یا توتوپ سے اڑا دیا جاتا یا پھر پھانسی پر چڑھایا جاتا تھا۔ لاکھوں مسلمانوں کو بے گھر کر دیا گیا تھا۔ یہاں قابل ذکر ہے کہ پہلے جو لوگ حکومت میں بڑے بڑے عہدوں پر فائز تھے یا پھر مغلیہ سلطنت میں شہزادے اور ولی عہد کے طور پر جانے پہچانے جاتے تھے انکو اس قدر لاچار و بے بس کر دیا گیا تھا کہ وہ معذور ہو کر بھیک مانگنے کو مجبور ہو رہے تھے۔ ملک کے مذکورہ زوال کا نقشہ میر تقی میر نے کچھ اس طرح سے پیش کیا ہے کہ۔

دلی میں آج بھیک بھی ملتی نہیں انہیں

تھا کل تلک دماغ جنھیں تخت و تاج کا

ایسے حالات میں ملک کے عوام خصوصاً مسلم قوم گہری مایوسی کے دور سے گزر رہی تھی۔ ان ملک کے زیر وزبر والے پیچیدہ حالات کو ملک کے غیور ادباء و شعراء بھلا کیوں کر آنکھیں موند سکتے تھے۔ چنانچہ اس وقت محب وطن کا جذبہ رکھنے والے چند ادباء و شعراء نے ملک و قوم کو بیدار کرنے کے لیے نہایت اہم و فعال رول ادا کیا۔ ان میں مولانا محمد باقر، سر سید احمد خان، حالی اور ڈپٹی نذیر احمد، اور اقبال کے نام کا ذکر نمایاں طور پر کیا جا سکتا ہے۔ انھیں میں سے طنز و مزاح کے عظیم شاعر اکبرؔ آلہ آبادی بھی اس وقت ایک ملت کے اصلاح پسند کے طور پر ابھر کر ہمارے سامنے آتے ہیں۔ اس ضمن میں صدیق الرحمٰن قدوائی ایک جگہ لکھتے ہیں کہ "اکبرؔ کے نزدیک شاعری کا مقصد زندگی کی تنقید و اصلاح تھا۔۔۔ سر سید تحریک کے علمبرداروں نے اور اکبرؔ نے اپنے اپنے نقطہ نظر کے مطابق شاعری کے ذریعے قومی اصلاح کی کوشش کی۔ سماجی اعتبار سے متضاد نقطہ نظر رکھنے کے باوجود سر سید حالی اور اکبر یکساں ادبی نقطہ نظر کے حامل تھے"۔

جب ہم اکبر کے حالاتِ زندگی کو مطالعہ میں لاتے ہیں تو ہم دیکھتے ہیں کہ طنز و مزاح کے یہ عظیم شاعر اکبر الہ آبادی، الہ آباد کے ایک نزدیکی گاؤں میں ۱۶، نومبر ۱۸۴۶ کو پیدا ہوئے۔ آپ کا اصل نام سید اکبر حسین رضوی تھا اور تخلص اکبر استعمال کرتے تھے۔ اکبر نے ابتدائی تعلیم مدارس اور سرکاری اسکول سے حاصل کی اور تعلیم سے فراغت کے بعد محکمہ تعمیرات میں ملازمت اختیار کی۔ لیکن اس دوران مذید تعلیم حاصل کرتے رہے جس کے نتیجے میں ۱۸۶۹ء میں مختاری کا امتحان پاس کر نائب تحصیلدار بن گئے۔ ایک سال بعد ہی آپ ۱۸۷۰ء میں ہائی کورٹ کی مسل خوانی کا عہدہ سنبھالنے میں کامیاب ہوئے۔ جبکہ اس کے بعد ۱۸۷۲ء میں وکالت کا امتحان پاس کیا۔ ۱۸۸۰ء تک وکالت کرتے رہے۔

اس کے بعد آپ منصف مقرر ہو گئے تک وکالت کی، پھر ترقی کر کے سب آرڈینیٹ جج اور بعد میں جج مقرر ہوئے۔ ۱۸۹۸ء میں خان بہادر کے خطاب سے نوازا گئے۔ ۱۹۰۳ء میں ملازمت سے سبکدوش ہوئے۔ شاعری کا شوق بچپن سے ہی تھا اور وحید الہ آبادی سے کی شاگردی اختیار کی ملازمت سے فراغت حاصل کرنے کے بعد اکبر پوری طرح سے شاعری کے لیے وقف ہو گئے۔ آپ نے اردو ادب کو اپنے بیش قیمتی ادبی خدمات سے نوازا ہے اس میں کلیات اکبر' مکاتیب اکبر اور فیوچر آف اسلام کا اردو ترجمہ بھی شامل ہے۔

اکبر کو بیک وقت مختلف زبانوں فارسی، عربی اور انگریزی میں عبور و مہارت حاصل تھی۔ یہی ہے کہ ان کے اکثر اشعار میں انگریزی کے حروف و الفاظ میں پائے جاتے ہیں اس طرح سے انھوں نے اردو شاعری میں انگلش کے الفاظ کا استعمال اس مہارت سے کیا ہے کہ کوئی دوسرا شاعر ایسا نہیں کر سکا۔

اکبر الہ آبادی کی جب گھریلو زندگی کو دیکھتے ہیں تو اکبر کی پہلی شادی غالباً تیرہ چودہ سال کی عمر میں ہوئی یہاں قابل ذکر ہے کہ آپ کی پہلی بیوی زمیندار خاندان سے تعلق رکھتی تھی اور دیہاتی تھی اور عمر میں بھی آپ سے کسی حد تک بڑی تھی کچھ انھیں وجوہات کی بنا پر اکبر کو وہ

پسند نہ تھی اس طرح ان کی ازدواجی زندگی زیادہ خوش گوار نہ تھی۔ جبکہ ان بطن سے دو اولادیں عابد حسین نذیر حسین کی شکل میں پیدا ہوئیں۔ اس کے بعد اکبر نے دوسری شادی ایک "لوٹا جان" نامی طوائف سے کی جبکہ تیسری شادی فاطمہ صغریٰ سے ہوئی وہ ایک معزز خاندان سے تعلق رکھتی تھی۔ اس سے ان کو دو بیٹے اور ایک بیٹی ہوئی۔ ہاشم حسین، عشرت حسین پیدا ہوئے۔ یہ وہی عشرت ہیں جنھیں پیار سے اکبر عشرتی

بلاتے تھے جنہیں اعلیٰ تعلیم دلانے کے لیے انگلینڈ میں بھیجا اور اس دوران ایک مشہور نظم عشرتی کو مخاطب کرتے ہوئے کہی آپ بھی نظم کے چند اشعار یہاں ملاحظہ فرمائیں کہ

عشرتی گھر کی محبت کا مزا بھول گئے
کھا کے لندن کی ہوا عہد وفا بھول گئے
پہنچے ہوٹل میں تو پھر عید کی پروانہ رہی
کیک کو چکھ کے سوئیوں کا مزا بھول گئے
بھولے ماں باپ کو اغیار کے چرنوں میں وہاں
سایۂ کفر پڑا نور خدا بھول گئے
موم کی پتلیوں پر ایسی طبیعت پگھلی
چمن ہند کی پریوں کی ادا بھول گئے
نقل مغرب کی ترنگ آئی تمہارے دل میں
اور یہ نکتہ کہ مری اصل ہے کیا بھول گئے
کیا تعجب ہے جو لڑکوں نے بھلایا گھر کو
جب کہ بوڑھے روش دین خدا بھول گئے

ویسے تو شاعری کا شوق اکبر کو بچپن سے ہی تھا لیکن ۱۸۸۸ء سے ان کی شاعری کا باقاعدہ طور پر دور شروع ہوا۔ آپ نے قدیم ترین فرسودہ شاعری سے بالکل الگ اپنی منفرد قسم کی شاعری کا آغاز کیا یعنی اکبر نے شاعری میں اپنی راہیں خود ہی نکالیں اور خود ہی انھیں ہموار بھی کیا آپ کی شاعری کا واضح مقصد قوم کی اصلاح کرنا تھا۔

اکبر کے کلام کی جو نمایاں خوبیاں و اوصاف ابھر کر سامنے آتے ہیں ان کو ہم اس طرح سے دیکھ سکتے ہیں

اردو ادب میں اکبر الہ آبادی پیروڈی شاعری کے موجد خیال کیے جاتے ہیں

اردو شاعری میں طنز و مزاح میں جو شہرت اکبر الہ آبادی نے پائی ہے کوئی دوسرا شاعر اس کے نزدیک تو کیا دور دور تک بھی نظر نہیں آتا۔

آپ کی شاعری قومی یکجہتی کے جذبے سے سرشار ہے یہی وجہ ہے کہ آپ کو اہل ادب آج بھی قومی یکجہتی علمبردار کے طور پر یاد کرتے ہیں

آپ اپنے ملک کی اقدار کے محافظ و پاسبان ہیں یعنی مشرقی روایات کے دلدادہ ہیں جبکہ مغربی تہذیب و تعلیم کے خلاف نظر آتے ہیں اس کی شہادت ان کے مختلف اشعار سے دیتے ہوئے محسوس ہوتے ہیں۔

جس دور میں اکبر نے شاعری کی ہے اس عہد میں خواتین کے تعلیم حاصل کرنے کو معیوب خیال کیا جاتا تھا یہی وجہ ہے کہ پہلے پہل کی شاعری میں اکبر تعلیم نسواں کی مخالفت کرتے ہوئے نظر آتے ہیں۔

اکبر الہ آبادی بھی حیوان ظریف غالب کی طرح اکبر الہ بادی کو بھی آموں سے عشق تھا۔ اپنے ایک دوست منشی نثار حسین کو لکھتے ہیں کہ

نامہ نہ کوئی یار کا پیغام بھیجئے
اس فصل میں جو بھیجئے بس آم بھیجئے
ایسا ضرور ہو کہ انہیں رکھ کے کھا سکوں
پختہ اگرچہ بیس تو دس خام بھیجئے
معلوم ہی ہے آپ کو بندے کا ایڈریس
سیدھے الہ آباد مرے نام بھیجئے
ایسا نہ ہو کہ آپ یہ لکھیں جواب میں

تعمیل ہو گی پہلے مگر دام بھیجئے

بہت اچھا ہوا آئے نہ وہ میری عیادت کو

جو وہ آتے تو غیر آتے جو غیر آتے تو غم ہوتا

انسانی زندگی میں دولت کس قدر ناپائیدار و دھوکہ ہے اس کا خلاصہ کرتے ہوئے فرماتے ہیں کہ

اگر قبریں نظر آتیں نہ دارا و سکندر کی

مجھے بھی اشتیاق دولت و جاہ و حشم ہوتا

مغربی تعلیم کے اکبر الہ آبادی بہت سخت خلاف تھے یہی وجہ ہے کہ وہ ایسا کوئی موقع وہ نہیں گنواتے جو ایسی تعلیم پہ طنز نہ کرتے ہوں چند اشعار آپ بھی دیکھیں۔

تعلیم جو دی جاتی ہے ہمیں وہ کیا ہے؟ فقط بازاری ہے

جو عقل سکھائی جاتی ہے وہ کیا ہے؟ فقط سرکاری ہے

صیاد ہنر دکھلائے اگر تعلیم سے سب کچھ ممکن ہے

بلبل کے لیے کیا مشکل ہے اُلو بھی بنے اور خوش بھی رہے

تم شوق سے کالج میں پھلو پارک میں پھولو

جائز ہے غباروں میں اُڑو چرخ پہ جھولو

لیکن ایک سخن بندۂ عاجز کا رہے یاد

اللہ کو اور اپنی حقیقت کو نہ بھولو

اکبر قدیم روایات کے پاسبان و حامی تھے یہی وجہ ہے کہ وہ دورِ جدید کی تبدیلیوں کو برداشت نہیں کر پاتے اور جدید تہذیب اور نام نہاد تعلیم نسواں کی دلدادہ عورتوں کی بھی اکبر خوب خبر لیتے ہوئے فرماتے ہیں آپ بھی دیکھیں کہ۔

حامدہ چمکی نہ تھی انگلش سے جب بیگانہ تھی
اب ہے شمع انجمن پہلے چراغ خانہ تھی
تعلیم دختراں سے یہ امید ہے ضرور
ناچے دلہن خوشی ہے خود اپنی برات میں
مجلس نسواں میں دیکھو عزت تعلیم کو
پردہ اٹھا چاہتا ہے علم کی تعظیم کو
کون کہتا ہے علم زناں خوب نہیں
ایک ہی بات فقط کہنا ہے یاں حکمت کو
دوا سے شوہر و اطفال کی خاطر تعلیم
قوم کے واسطے تعلیم نہ دو عورت کو
بے پردہ نظر آئیں مجھے چند بیبیاں
اکبرؔ زمیں میں غیرتِ قومی سے گڑ گیا
پوچھا جو ان سے آپ کا پردہ کدھر گیا
کہنے لگیں کہ عقل پہ مردوں کی پڑ گیا

جبکہ ایک جگہ لڑکیوں کی تعلیم کو ضروری محسوس کرتے ہوئے یہ نصیحت بھی دیتے ہوئے دکھائی دیتے ہیں کہ

تعلیم لڑکیوں کی ضروری تو ہے مگر
خاتون خانہ ہوں وہ سبھا کی پری نہ ہوں

سرسید اور حالی کی طرح اکبرؔ بھی اصلاح پسند کے طور پر سامنے آتے ہیں۔ اس پہلو کو اجاگر کرتے ہوئے صدیق الرحمٰن قدوائی لکھتے ہیں۔

"اکبرؔ کے نزدیک شاعری کا مقصد زندگی کی تنقید و اصلاح تھا۔۔۔ سر سید تحریک کے علمبرداروں نے اور اکبرؔ نے اپنے اپنے نقطہ نظر کے مطابق شاعری کے ذریعے قومی اصلاح کی کوشش کی۔ سماجی اعتبار سے متضاد نقطہ نظر رکھنے کے باوجود سر سید حالی اور اکبرؔ یکساں ادبی نقطہ نظر کے حامل تھے"۔

سر سید کی طرح اکبر کو بھی اپنی قوم کی ناخواندہ رہنے کی بے حد فکر تھی جبکہ دوسری قوموں کے لوگ تعلیم کی اہمیت کو سمجھتے ہوئے زندگی کے ہر شعبے میں اپنی نمایاں خدمات دے رہے تھے لیکن اکثر مسلمانوں کا یہ حال تھا کہ وہ پڑھنے کی مشقت گوارہ نہیں کرتے تھے حصول تعلیم کے علاوہ وہ ہر مشکل کام انجام دینے کو تیار تھے اسی خیال کو انھوں نے اپنی نظم فرضی لطیفہ میں کچھ انداز طنز و مزاح کے لبادہ میں پیش کیا آپ بھی ملاحظہ فرمائیں یقیناً آپ محسوس کریں گے کہ آج سے سوڈیڑھ سو سال جو مسلمانوں کے حالات تھے آج بھی کم وبیش وہی حالات ہیں یعنی آج بھی مسلمان اسی طرح سے تعلیم سے جی چراتے نظر آتے ہیں

خدا حافظ مسلمانوں کا اکبرؔ
مجھے تو ان کی خوشحالی سے ہے یاس
یہ عاشق شاہد مقصود کے ہیں
نہ جائیں گے ولیکن سعی کے پاس
سناؤں تم کو اک فرضی لطیفہ
کیا ہے جس کو میں نے زیب قرطاس
کہا مجنوں سے یہ لیلیٰ کی ماں نے
کہ بیٹا تو اگر کرلے ایم اے پاس

تو فوراً بیاہ دوں لیلیٰ کو تجھ سے
بلا دقت میں بن جاؤں تری ساس
کہا مجنوں نے یہ اچھی سنائی
کجا عاشق کجا کالج کی بکواس
کجا یہ فطرتی جوش طبیعت
کجا ٹھونسی ہوئی چیزوں کا احساس
بڑی بی آپ کو کیا ہو گیا ہے
ہرن پہ لادی جاتی ہے کہیں گھاس
یہ اچھی قدر دانی آپ نے کی
مجھے سمجھا ہے کوئی ہر چرن داس
دل اپنا خون کرنے کو ہوں موجود
نہیں منظور مغز سر کا آماس
یہی ٹھہری جو شرط وصل لیلیٰ

اکبر ایک قادر الکلام شاعر تھے آپ کو نئے نئے کافیے گھڑنے پہ خداداد صل حاصل تھی مشکل سے مشکل کافیوں کو بہ آسانی شاعری میں ڈھال لیتے تھے انگریزی الفاظ کو اکبر نے جس طرح کافیوں کی شکل میں استعمال کیا ہے اس کی نہ ان سے پہلے نہ ہی ان کے بعد اب تک کوئی نظیر نہیں ملتی۔ چنانچہ آپ بھی اکبر کی ایک نظم جلوہ دربار دہلی میں سے ان کے کافیوں کی بہار دیکھیں۔۔

سر میں شوق کا سودا دیکھا
دہلی کو ہم نے بھی جا دیکھا

جو کچھ دیکھا اچھا دیکھا
کیا بتلائیں کیا کیا دیکھا
جمنا جی کے پاٹ کو دیکھا
اچھے ستھرے گھاٹ کو دیکھا
سب سے اونچے لاٹ کو دیکھا
حضرت "ڈیوک کناٹ" کو دیکھا
پلٹن اور رسالے دیکھے
گورے دیکھے کالے دیکھے
سنگینیں اور بھالے دیکھے
بینڈ بجانے والے دیکھے
خیموں کا اک جنگل دیکھا
اس جنگل میں منگل دیکھا
برھما اور ورنگل دیکھا
عزت خواہوں کا دنگل دیکھا
سڑکیں تھیں ہر کمپ سے جاری
پانی تھا ہر پمپ سے جاری
نور کی موجیں لیمپ سے جاری
تیزی تھی ہر جمپ سے جاری
ڈالی میں نارنگی دیکھی
محفل میں سارنگی دیکھی

بیرنگی بارنگی دیکھی
دہر کی رنگارنگی دیکھی
اچھے اچھوں کو بھٹکا دیکھا
بھیڑ میں کھاتے جھٹکا دیکھا
منہ کو اگرچہ لٹکا دیکھا
دل دربار سے اٹکا دیکھا
ہاتھی دیکھے بھاری بھرکم
ان کا چلنا کم کم تھم تھم
زریں جھولیں نور کا عالم
میلوں تک وہ چم چم چم چم
چوکی اک چولکھی دیکھی
خوب ہی چکھی پکھی دیکھی
ہر سو نعمت رکھی دیکھی
شہد اور دودھ کی مکھی دیکھی
ایک کا حصہ من و سلویٰ
ایک کا حصہ تھوڑا حلوا
ایک کا حصہ بھیڑ اور بلوا
میرا حصہ دور کا جلوا

اکبر نے زندگی سے وابستہ مختلف مضامین کو اپنے طنز و مزاح سے لبریز انداز کو قطعات کے پیرائے میں ڈھال کر نہایت دلکش انداز میں ہمارے سامنے پیش کیا ہے چند

منفرد قسم رنگ کے قطعات آپ بھی دیکھیں۔ کہ

اک برگ مضمحل نے یہ اسپیچ میں کہا
موسم کی کچھ خبر نہیں اے ڈالیو تمہیں
اچھا جواب خشک یہ اک شاخ نے دیا
موسم سے باخبر ہوں تو کیا جڑ کو چھوڑ دیں

تو استعفیٰ مرا باحسرت و یاس
غفلت کی ہنسی سے آہ بھرنا اچھا
افعال مضر سے کچھ نہ کرنا اچھا
اکبرؔ نے سنا ہے اہل غیرت سے یہی
جینا ذلت سے ہو تو مرنا اچھا

ہر ایک کو نوکری نہیں ملنے کی
ہر باغ میں یہ کلی نہیں کھلنے کی
کچھ پڑھ کے تو صنعت و زراعت کو دیکھ
عزت کے لیے کافی ہے اے دل نیکی

وہ لطف اب ہندو مسلماں میں کہاں
اغیار ان پر گزرتے ہیں اب خندہ زناں
جھگڑا کبھی گائے کا زباں کی کبھی بحث
ہے سخت مضر یہ نسخہ گاؤ زباں

یہ بات غلط کہ دار الاسلام ہے ہند
یہ جھوٹ کہ ملک لچھمنؔ و رامؔ ہے ہند

ہم سب ہیں مطیع و خیر خواہ انگلش

یورپ کے لیے بس ایک گودام ہے ہند

یوں تو اکبر الہ آبادی کا شمار سرسید کے مخالفوں میں ہوتا ہے۔ مدرسۃ العلوم کو اکبر نے ہمیشہ اپنی تنقید کا نشانہ بنایا مگر علی گڑھ میں اپنے قیام کے دوران اکبر بھی سرسید کے مشن سے متاثر ہوئے بغیر نہ رہ سکے اور انھوں نے سرسید کی کوششوں کو سراہا اور یہی کہا کہ۔

ہماری باتیں ہی باتیں ہیں سید کام کرتا تھا

نہ پوچھو فرق جو ہے کہنے والے کرنے والے میں

اکبر کو میڈیا کی اہمیت و افادیت کا خوب اندازہ تھا کہ کسی ملک و قوم کو جگانے اور دشمن مقابل کھڑا کرنے میں اخبارات ایک فعال رول ادا کرتے ہیں یہی وجہ ہے کہ وہ ایک جگہ کہتے ہیں کہ

کھینچو نہ کمانوں سے نہ تلوار نکالو

جب توپ مقابل ہو اخبار نکالو

اکبرؔ کے کلام مختلف قسم کے رنگوں سے بھرپور ہے جہاں اس میں طنز 'ظرافت ' مزاح عنصر کوٹ کوٹ کر بھرا ہے وہیں سنجیدگی و رومانس بھی ان کے کلام کے اہم عناصر ہیں۔ اکبرؔ کا طنز کہیں تیکھا کہیں چیونٹی کی طرح کاٹتا ہوا آگے بڑھ جاتا ہے اور قارئین لطف اندوز ہونے کے ساتھ ساتھ غور و فکر کرنے پہ مجبور ہو جاتا ہے چند منفرد قسم کے رنگ آپ بھی یہاں ملاحظہ فرمائیں۔

اس قدر تھا کھٹملوں کا چارپائی میں ہجوم

وصل کا دل سے مرے ارمان رخصت ہو گیا

اگر مذہب خلل انداز ہے ملکی مقاصد میں
تو شیخ و برہمن پنہاں رہیں دیر و مساجد میں

الٰہی کیسی کیسی صورتیں تو نے بنائی ہیں
کہ ہر صورت کلیجے سے لگا لینے کے قابل ہے

ان کو کیا کام ہے مروت سے اپنی رخ سے یہ منہ نہ موڑیں گے
جان شاید فرشتے چھوڑ بھی دیں ڈاکٹر فیس کو نہ چھوڑیں گے

اکبر دبے نہیں کسی سلطاں کی فوج سے
لیکن شہید ہو گئے بیوی کی نوج سے

انہیں بھی جوش الفت ہو تو لطف اٹھے محبت کا
ہمیں دن رات اگر تڑپے تو پھر اس میں مزا کیا ہے

بتاؤں آپ کو مرنے کے بعد کیا ہو گا
پلاؤ کھائیں گے احباب فاتحہ ہو گا

بس جان گیا میں تری پہچان یہی ہے
تو دل میں تو آتا ہے سمجھ میں نہیں آتا

جبکہ ایک جگہ خدا کے تعلق سے سائنس پہ طنز کرتے ہوئے کہتے ہیں کہ

نہیں سائنس وقف ابھی دین سے
خدا دور ہے حدِ دوربین سے

جبکہ پڑھی لکھی ہونے کے ساتھ ساتھ من پسند بیوی ملنے کے ضمن میں خلاصہ کرتے ہوئے کہتے ہیں کہ

بی۔ اے۔ بھی پاس ہوں ملے بی بی بھی دل پسند

محنت کی ہے وہ بات یہ قسمت کی بات ہے

اکثر وکالت میں جس طرح سے جھوٹ و فریب سے کام لیا جاتا ہے اس کے چلتے اکبر طنزیہ انداز میں کہتے ہیں۔ کہ

پیدا ہوا وکیل تو شیطان نے کہا

لو آج ہم بھی صاحب اولاد ہو گئے

ایک جگہ مذید کہتے ہیں کہ

فرق وکالت وطوائف میں یہ ہے کہ

اس کی پیشی ہے اسکا پیشہ ہے

تشبیہ ترے چہرے کو کیا دوں گل تر سے

ہوتا ہے شگفتہ مگر اتنا نہیں ہوتا

عاشق و معشوق اگر ازدواجی زندگی میں بندھ جائیں تو کیا ہوتا ہے ملاحظہ فرمائیں کہ

تعلق عاشق و معشوق کا تو لطف رکھتا تھا

مزے اب وہ کہاں باقی رہے بیوی میاں ہو کر

اکثر ڈاکٹروں خصوصاً آج کل جس طرح سے طمع پائی جاتی ہے اس پہ طنز کرتے ہوئے کہتے ہیں کہ۔

ان کو کیا کام ہے مروت سے اپنی سے یہ منہ نہ موڑیں گے

جان شاید فرشتے چھوڑ بھی دیں ڈاکٹر فیس کو نہ چھوڑیں گے

آجکل جو مسلمانوں کے نازک حالات ہیں یقیناً اس میں ہم سے سر جد ہونے والے اعمال کو بہت زیادہ دخل ہے اسی کے چلتے اکبر کہتے ہیں کہ

جب میں کہتا ہوں کہ یا اللہ میرا حال دیکھ

حکم ہوتا ہے کہ اپنا نامۂ اعمال دیکھ

ایک جگہ ختنہ کے وقت بچے و نائی ذہنیت کی عکاسی کچھ اس طرح سے کرتے ہیں کہ

جو وقت ختنہ میں چیخا تو نائی نے کہا ہنس کر

مسلمانی میں طاقت خون ہی بہنے سے آتی ہے

جوانی کی ہے آمد شرم سے جھک سکتی ہیں آنکھیں

مگر سینے کا فتنہ رک نہیں سکتا ابھرنے سے

حسینوں کے بجلی گرانے کے انداز کو اس انداز میں پیش کرتے ہیں کہ

حیا سے سر جھکا لینا ادا سے مسکرا دینا

حسینوں کو بھی کتنا سہل ہے بجلی گرا دینا

غیر سے سوال کرنے کی بجائے ایک جگہ خدا اس مانگنے کی ترغیب دیتے ہوئے فرماتے ہیں کہ۔

خدا سے مانگ جو کچھ مانگنا ہے اے اکبرؔ

یہی وہ در ہے کہ ذلت نہیں سوال کے بعد

خلاف شرع کبھی شیخ تھوکتا بھی نہیں

مگر اندھیرے اجالے میں چوکتا بھی نہیں

حقیقی و مزاجی شاعری کے فرق ان الفاظ میں واضح کرتے ہیں کہ

حقیقی اور مجازی شاعری میں فرق یہ پایا

کہ وہ جامے سے باہر ہے یہ پاجامے سے باہر ہے

جدید ترین بنگلوں و کالجوں میں تعلیم حاصل کرنے والوں کی زندگی سے اسلامی روایات کس طرح رخصت ہو رہی ہیں اس کے ضمن میں اکبر کیا کہتے ہیں چند اشعار آپ

بھی دیکھیں کہ

بنگلوں سے نماز اور وظیفہ رخصت
کالج سے امام ابو حنیفہ رخصت
صاحب سے سنی ہے اب قیامت کی خبر
قسطنطنیہ سے ہیں خلیفہ رخصت

کالج سے جنہیں امیدیں ہیں مذہب کو بھلا کیا مانیں گے
مغرب کو تو پہچانا ہی نہیں قبلے کو وہ کیا پہچانیں گے

اکبرؔ کے کلام میں جا بجا ظرافت کے پھول جھڑتے نظر آتے ہیں۔

عمر گذری ہے اسی بزم کی سیاحی میں
دوسری پشت ہے چندے کی طلب گاری میں

اکبرؔ نے اپنے کلام میں انگریزی کے حروف کو اس قدر خوبصورت انداز میں استعمال کیا ہے کہ شاید اس ڈھب سے کوئی دوسرا شاعر نہیں کر پایا کبھی کبھی لفظوں کی الٹ پھیر سے ایسا حسن پیدا کرتے ہیں کہ جس کی مثال نہیں ملتی

عاشقی کا ہو برا اس نے بگاڑے سارے کام
ہم تو AB میں رہے اغیار BA ہو گئے

اکبرؔ نے اپنے کلام میں شیخ 'واعظ' مولویوں کو بھی آڑے ہاتھوں لیا ہے۔ اور ان کی اصطلاحوں سے مزاح پیدا کرتے ہوئے کہتے ہیں کہ

چھوڑ لٹریچر کو اپنی ہسٹری بھول جا
شیخ و مسجد سے تعلق ترک کر اسکول جا
چار دن کی زندگی ہے کوفت سے کیا فائدہ

کھا ڈبل روٹی کلر کی کر خوشی سے پھول جا

اکبرؔ کے کلام میں طنز و مزاح کے ساتھ ساتھ بہت سے سنجیدہ اشعار بھی دیکھنے کو ملتے ہیں یاسیت اور سادگی کا اظہار کرتے ہوئے اکبرؔ کہتے ہیں۔

دنیا میں ہوں دنیا کا طلب گار نہیں ہوں
بازار سے گزرا ہوں خریدار نہیں ہوں
زندہ ہوں مگر زیست کی لذت نہیں باقی
ہر چند کہ ہوں ہوش میں ہشیار نہیں ہوں

اکبر الہ آبادی کی روزمرہ زندگی میں بھی غالب کی پیش آنے والی مختلف لوگوں سے ہونے والی گفتگو میں اکثر لطائف خود بخود جنم لے لیتے ہیں۔

جیسے کہ ہندوستان میں داڑھی منڈوانے کا رواج پہلے میں عام تھا۔ لیکن لارڈ کرزن جب اس ملک میں آئے تو ان کی دیکھا دیکھی مونچھیں بھی چہروں سے غائب ہونے لگیں۔ پہلے پہل خان بہادر سید آل نبی وکیل آگرہ اور مسٹر مظہر الحق بیر سٹر نے لارڈ کرزن کی تقلید کی۔ پھر تو انگریزی دانوں میں عام رواج ہو گیا۔ چنانچہ آپ نے اس کی ہجو میں حسب ذیل قطعہ ارشاد فرمایا۔

کر دیا کرزن نے زن مردوں کو صورت دیکھئے
آبرو چہرے کی سب فیشن بنا کر پونچھ لی
سچ یہ ہے انسان کو یورپ نے ہلکا کر دیا
ابتدا ڈاڑھی سے کی اور انتہا میں مونچھ لی

اسی طرح کلکتہ کی مشہور مغنیہ گوہر جان ایک مرتبہ الہ آباد گئی اور جانکی بائی طوائف کے مکان پر ٹھہری۔ جب گوہر جان رخصت ہونے لگی تو اپنی میزبان سے کہا کہ

"میر ادل خان بہادر سید اکبر الہ آبادی سے ملنے کو بہت چاہتا ہے۔" جانکی بائی نے کہا کہ " آج میں وقت مقرر کر لوں گی، کل چلیں گے۔" چنانچہ دوسرے دن دونوں اکبر الہ آبادی کے ہاں پہنچیں۔ جانکی بائی نے تعارف کرایا اور کہا یہ کلکتہ کی نہایت مشہور و معروف مغنیہ گوہر جان ہیں۔ آپ سے ملنے کا بے حد اشتیاق تھا، لہذا ان کو آپ سے ملانے لائی ہوں۔ اکبر نے کہا "زہے نصیب، ورنہ میں نہ نبی ہوں نہ امام، نہ غوث، نہ قطب اور نہ کوئی ولی جو قابل زیارت خیال کیا جاؤں۔ پہلے جج تھا اب ریٹائر ہو کر صرف اکبر رہ گیا ہوں۔ حیران ہوں کہ آپ کی خدمت میں کیا تحفہ پیش کروں۔ خیر ایک شعر بطور یادگار لکھے دیتا ہوں۔" یہ کہہ کر مندرجہ ذیل شعر ایک کاغذ پر لکھا اور گوہر جان کو پیش کیا۔

خوش نصیب آج بھلا کون ہے گوہر کے سوا
سب کچھ اللہ نے دے رکھا ہے شوہر کے سوا

اکبر کے بطور شاعر مشہور ہو جانے پر بہت سے لوگوں نے ان کی شاگردی کا دعویٰ کر دیا۔ لیکن اسی بیچ ایک صاحب کو بہت دور کی سوجھی انہوں نے خود کو اکبر کا استاد مشہور کر دیا۔ اکبر کو جب اس بات کا علم ہوا کہ حیدرآباد میں ان کے ایک استاد ظہور پذیر ہوئے ہیں، تو کہنے لگے، "ہاں مولوی صاحب کا ارشاد سچ ہے۔ مجھے یاد پڑتا ہے میرے بچپن میں ایک مولوی صاحب الہ آباد میں تھے۔ وہ مجھے علم سکھاتے تھے اور میں انہیں عقل، مگر دونوں ناکام رہے۔ نہ مولوی صاحب کو عقل آئی اور نہ مجھ کو علم۔"

اسی ایک مزید لطیفہ بہت مشہور ہے کہ ایک دفعہ اکبر الہ آبادی دلی میں خواجہ حسن نظامی کے یہاں مہمان تھے۔ سب لوگ کھانا کھانے لگے تو آلو سے بنی سبزی (ترکاری) اکبر کو بہت پسند آئی۔ انہوں نے خواجہ صاحب کی دختر حور بانو سے (جو کھانا کھلا رہی تھی)

پوچھا کہ بڑے اچھے آلو ہیں۔ کہاں سے آئے ہیں؟ اس نے جواب دیا کہ میرے خالو بازار سے لائے ہیں۔ اس پر اکبرؔ نے فی البدیہہ شعر کہا کہ

لائے ہیں ڈھونڈ کے بازار سے آلو اچھے
اس میں کچھ شک نہیں ہیں حور کے خالو اچھے

ایک اور لطیفہ بہت مشہور ہے ہوا یوں کہ اکبر الہ آبادی ایک بار خواجہ حسن نظامی کے ہاں مہمان تھے۔ دو طوائفیں حضرت نظامی سے تعویذ لینے آئیں۔ خواجہ صاحب گاؤ تکیہ سے لگے بیٹھے تھے۔ اچانک ان کے دونوں ہاتھ اوپر کو اٹھے اور اس طرح پھیل گئے جیسے بچے کو گود میں لینے کے لیے پھیلتے ہیں اور بے ساختہ زبان سے نکلا" آیئے آیئے۔"

طوائفوں کے چلے جانے کے بعد اکبر الہ آبادی یوں گویا ہوئے۔" میں تو خیال کرتا تھا یہاں صرف فرشتے نازل ہوتے ہیں، لیکن آج تو حوریں بھی اتر آئیں۔" اور یہ شعر پڑھا؛

فقیروں کے گھروں میں لطف کی راتیں بھی آتی ہیں
زیارت کے لیے اکثر مسماتیں بھی آتی ہیں

ایک دن اکبر الہ آبادی سے ان کے ایک دوست ملنے آئے۔ اکبرؔ نے پوچھا: " کہئے ی آج ادھر کیسے بھول پڑے۔" انہوں نے جواب دیا،" آج شب برات ہے۔ لہٰذا آپ سے شبراتی لینے آیا ہوں۔" اس پر اکبر الہ آبادی نے برجستہ جواب دیا:

تحفۂ شب رات تمہیں کیا دوں
جان من تم تو خود پٹاخہ ہو

ڈاکٹر جمیل جالبی اکبرؔ کی شاعری پر مجموعی طور پر خلاصہ کرتے ہوئے لکھتے ہیں کہ " اکبرؔ کی شاعری اور ان کا تہذیبی زاویہء نظر ہمیں آج بھی دعوت فکر دیتا

ہے۔۔۔اکبرؔ کی آواز وہ آواز ہے جو نہ صرف پاکستان وہندوستان کو بلکہ سارے ایشیا کو زندہ رہنے اور خود کو از سر نو دریافت کرنے کی دعوت دیتی ہے۔اکبرؔ جیسا شاعر ایشیا کی کسی بھی دوسری زبان میں مجھے نظر نہیں آتا۔ جس نے مغربی تہذیب کے غلبے سے بچنے کے لئے جس دلچسپ اوراور دلکش انداز میں اپنی جڑوں سے پیوستہ رہنے کی تلقین کی ہو۔اور قوموں کی تخلیقی صلاحیتوں کو زندہ وباقی رکھنے کا گر سکھایا ہو۔اس لئے میں اکبرؔ کو صرف مزاحیہ شاعر نہیں بلکہ جدید فلسفی شاعر سمجھتا ہوں"۔

بلا آخر طنز و مزاح کے ساتھ ساتھ اصلاح پسندی کا یہ آسمانِ ادب کا یہ عظیم ستارہ ۱۹۲۱ء کی ایک شام کو ہمیشہ کے لیے غروب ہو گیا۔ تاہم اپنے پیچھے ایسی روشن شعاعیں چھوڑ گیا جن سے اہل ادب و دانش رہتی دنیا تک مشعلِ راہ کے مثل استفادہ اٹھاتے رہیں گے۔

***

غالب کے خطوط میں طنز و مزاح
ڈاکٹر مشیر احمد

شاعری کے علاوہ اردو نثر میں بھی غالب ایک منفرد حیثیت کے مالک ہیں۔ انھوں نے خطوط نویسی کو ایک مستقل صنف کا وقار اور اعتبار بخشا ہے۔ غالب سے پہلے بھی اردو میں خطوط کے نمونے ملتے ہیں مگر غالب جیسی خصوصیات اور انفرادیت ان میں نہیں ملتی۔ بلاشبہ غالب کے خطوط اردو نثر کا بیش بہا سرمایہ ہیں۔ غالب جدت پسند تھے، پر انی روش پر چلنا ان کو گوارا نہ تھا، انھوں نے جس طرح شاعری میں اپنی راہ الگ نکالی اسی طرح نثر میں بھی ایک نئے اسلوب کی طرح ڈالی اور اردو مکتوب نگاری کے فن کو نیا رنگ و آہنگ دیا۔ ایک جگہ خود لکھتے ہیں کہ 'میں نے وہ انداز تحریر ایجاد کیا ہے کہ مراسلہ کو مکالمہ بنا دیا ہے۔ ہزار کوس سے بہ زبان قلم باتیں کیا کرو، ہجر میں وصال کے مزے لیا کرو۔' غالب نے فارسی میں بھی خطوط لکھے مگر ان میں وہ دلکشی اور شگفتگی نہیں جو ان کے اردو خطوط کا امتیاز ہے۔ ان کی زبان صاف، سادہ اور تصنع سے پاک ہے، بالکل بول چال کی زبان میں خط لکھتے ہیں اور یہی ان کی مکتوب نگاری کی بنیادی خصوصیت ہے۔ ان کا یہ دعویٰ کہ انھوں نے تحریر کو گفتگو کا رنگ دیا اور خط کو ملاقات کا بدل بنا دیا بڑی حد تک درست ہے۔

اگرچہ فورٹ ولیم کالج کے ذریعے جدید نثر یعنی سادہ و سلیس نثر کا آغاز ہو چکا تھا مگر

اس نثر میں زندگی اور توانائی غالب کے خطوط نے پیدا کی۔ چھوٹے چھوٹے جملے لکھ کر بڑی سے بڑی باتیں کہہ دینا غالب کا فن ہے۔غالب کے بہت سے خطوط ایسے بھی ہیں جس میں ادبی نکتے بیان کئے گئے ہیں، اشعار کے معانی بیان کئے گئے ہیں اور شعرا سے متعلق رائے بھی دی گئی ہے۔اس کے علاوہ غالب کے خطوط میں علمی و تہذیبی حوالے بھی بکثرت موجود ہیں۔ ان سب خوبیوں کے ساتھ ساتھ ان کے خطوط میں طنز و ظرافت کے نہایت خوبصورت اور اعلیٰ نمونے بھی ملتے ہیں۔راقم نے اس مضمون میں ان کے طنز و ظرافت کی بعض تفصیلات پیش کرنے کی کوشش کی ہے

غالب فطرتاً ظریف انسان تھے ان کے مزاج میں ظرافت اور شوخی کا عنصر بہت غالب تھا۔اپنی ذاتی زندگی میں، دوستوں کی محفلوں میں وہ اپنی باتوں سے لوگوں کو ہنسا تے رہتے تھے۔یہی ظرافت اور شوخی ان کے خطوط میں بھی بکثرت ملتی ہے۔ معمولی سے معمولی بات میں بھی وہ ہنسنے ہنسانے کا بہانہ ڈھونڈ لیتے ہیں۔مولانا الطاف حسین حالی نے 'یادگار غالب 'میں مرزا کے حسن بیان اور ظرافتِ طبع کی ترجمانی خوبصورت انداز میں کی ہے۔وہ لکھتے ہیں:

"مرزا کی تقریر میں ان کی تحریر اور ان کی نظم و نثر سے کچھ کم لطف نہ تھا اور اسی وجہ سے لوگ ان سے ملنے اور ان کی باتیں سننے کے مشتاق رہتے تھے، وہ زیادہ بولنے والے نہ تھے، مگر جو کچھ ان کی زبان سے نکلتا تھا لطف سے خالی نہ ہوتا تھا۔ظرافت مزاج میں اس قدر تھی کہ اگر ان کو بجائے حیوان ناطق کے حیوان کہا جائے تو بجا ہے۔ حسن بیانی، حاضر جوابی اور بات میں سے بات پیدا کرنا ان کی خصوصیات میں سے تھا"۔(ص۔۴۰)

اس سلسلہ گفتگو کو آگے بڑھانے سے قبل مناسب معلوم ہوتا ہے کہ طنز و مزاح

کے فن سے متعلق چند بنیادی باتیں پیش نظر رکھی جائیں۔

ہنسنا ہنسانا انسان کی فطرت میں داخل ہے۔اس کے ذریعے تھوڑی دیر کے لیے غم دور ہو جاتا ہے اور انسان خوشی سے ہمکنار ہو جاتا ہے۔ ہنسنے ہنسانے کا یہ فن ادب کی اصطلاح میں مزاح کہلاتا ہے۔

مزاح کسی کمی کسی بد صورتی پر خوش دلی سے ہنسنے کا نام ہے اس میں غم و غصہ شامل نہیں ہوتا اور مسرت حاصل کرنے کے سوا اس کا اور کوئی مقصد نہیں ہوتا۔اس کے برخلاف طنز با مقصد ہوتا ہے۔طنز نگار کسی برائی کو اور زیادہ بُرا بنا کر اس طرح پیش کرتا ہے کہ لوگ اس برائی سے نفرت کرنے لگیں اور اسے ختم کرنے کی کوشش کریں۔

جہاں تک غالب کا تعلق ہے ان کے خطوط کے مطالعے سے اندازہ ہوتا ہے کہ مرزا نہ تو زندگی کو طنز کا نشانہ بناتے ہیں اور نہ ہی سماج کی دوسری باتوں کو، بلکہ بیشتر وہ خود اپنی ہی ذات کو طنز کا موضوع بناتے ہیں۔غالب کی نثر میں اس طرح کی مثالیں بکثرت موجود ہیں جس میں انھوں نے خود پر طنز کیا ہے۔ مرزا قربان علی بیگ خاں سالک کو اپنے بارے میں لکھتے ہیں:

"یہاں خدا سے بھی توقع باقی نہیں، مخلوق کا کیا ذکر، کچھ بن نہیں آتی۔اپنا آپ تماشائی بن گیا ہوں۔رنج و ذلت سے خوش ہوتا ہوں، یعنی میں نے اپنے کو اپنا غیر تصور کیا ہے، جو دکھ مجھے پہنچتا ہے کہتا ہوں کہ لو، غالب کے ایک اور جوتی لگی۔بہت اتراتا تھا کہ میں بڑا شاعر اور فارسی داں ہوں۔ آج دور دور تک میرا جواب نہیں۔لے، اب قرض داروں کو جواب دے۔سچ تو یوں ہے کہ غالب کیا مرا۔بڑا ملحد مرا، بڑا کافر مرا"۔

(ج دوم، ص:۸۲۰)

اس اقتباس میں غالب نے اپنے اوپر طنز کیا ہے اور اس سے بہتر طنز خود غالب کے

یہاں بھی مشکل سے ملے گا۔ وہ طرح طرح کی مصیبتیں برداشت کرتے ہیں جن کا سلسلہ کہیں ختم نہیں ہوتا۔ اس لیے عاجز آکر کہتے ہیں کہ اب خدا سے بھی کوئی امید باقی نہیں رہ گئی۔ قرض خواہ الگ پریشان کیے ہوئے ہیں۔ اس طرح اپنی غربت اور تنگ دستی پر بھی طنز کرتے ہوئے کہتے ہیں کہ ' لے ایک اور جوتی لگی۔'

مندرجہ بالا اقتباس میں بظاہر غالب نے زندگی سے مایوسی، معاشی بد حالی اور اپنی غربت وغیرہ کا مذاق اڑایا ہے، مگر ان کے ذہنی کرب کو بھی یہاں بآسانی محسوس کیا جا سکتا ہے۔ اسی طرح علاء الدین خاں علائی کو لکھتے ہیں :

"وہ جو کسی کو بھیک مانگتے نہ دیکھ سکے اور خود در بہ در بھیک مانگے، وہ میں ہوں"۔
(ج اول ص: ۴۱۷)

اس عبارت میں بھی طنز کی نشتریت موجود ہے۔ غالب حساس اتنے ہیں کہ کسی کو بھیک مانگتے نہیں دیکھ سکتے مگر دوسری طرف اپنی غربت کے ہاتھوں مجبور ہو کر کبھی کسی کے یہاں، کبھی کسی کے وہاں قرض لینے پہنچ جاتے ہیں۔ میر مہدی مجروح کے نام خط میں لکھتے ہیں :

"یہ میر احال سنو کہ بے رزق جینے کا ڈھب مجھ کو آگیا ہے۔ اس طرف سے خاطر جمع رکھنا۔ رمضان کا مہینہ روزہ کھا کھا کر کاٹا، آئندہ خدا رزاق ہے، کچھ اور کھانے کو نہ ملا تو غم تو ہے"۔ (ج دوم ص: ۴۹۳)

یہاں بھی طنز یہ پیرایہ اختیار کیا ہے کہ اگر رزق نہیں تو غم تو ہے ہی، خدا رزاق ہے، گویا غم بھی ان کے نزدیک ایک طرح کی روزی ہے۔

خطوط غالب سے اب خالص مزاح کے بھی بعض نمونے پیش کیے جاتے ہیں لیکن یہ ملحوظ رہے کہ غالب کے مزاح میں بھی طنز کی زیریں لہر موجود ہے۔

امراؤ سنگھ غالب کے بہت قریبی اور گہرے دوست تھے۔انھوں نے یکے بعد دیگر ے دو شادیاں کیں اور دونوں بیویوں کا انتقال ہو گیا۔ کسی نے غالب کو لکھا کہ امراؤ سنگھ تیسری شادی کر رہے ہیں تو مرزا نے تفتہ کے نام خط میں لکھا:

"امراؤ سنگھ کے حال پر اس کے واسطے مجھ کو رحم اور اپنے واسطے رشک آتا ہے، اللہ اللہ !ایک وہ ہیں کہ دو بار ان کی بیڑیاں کٹ چکی ہیں اور ایک ہم ہیں کہ ایک اوپر پچاس برس سے جو پھانسی کا پھندا گلے میں پڑا ہے تو نہ پھندا ہی ٹوٹتا ہے، نہ دم ہی نکلتا ہے"۔(ج اول ص:۳۰۵)

تاہل کی زندگی کو بیڑی اور پھانسی کے پھندے سے تعبیر کرنا مزاح کے ساتھ ساتھ طنز کی نشتریت بھی لیے ہوئے ہے۔غالب نماز، روزے کے بہت پابند نہ تھے، غالباً کسی نے روزہ نہ رکھنے کی شکایت کی ہو گی اس پر مزاحیہ انداز میں منشی نبی بخش حقیر کے نام خط میں لکھتے ہیں:

"روزہ رکھتا ہوں مگر روزے کو بہلائے رہتا ہوں۔ کبھی پانی پی لیا، کبھی حقہ پی لیا، کبھی کوئی ٹکڑا روٹی کا کھالیا۔۔۔۔۔ میں تو روزہ بہلاتا رہتا ہوں اور یہ صاحب فرماتے ہیں کہ تو روزہ نہیں رکھتا۔ یہ نہیں سمجھتے کہ روزہ نہ رکھنا اور چیز ہے اور روزہ بہلانا اور بات ہے"۔(ج سوم ص:۱۱۳۰)

اس بیان میں غالب کی طبیعت کی شوخی اور ظرافت پوری طرح جلوہ گر ہے۔

غالب اپنے تلامذہ اور احباب کی نوع بہ نوع فرمائشوں سے بہت عاجز رہتے تھے۔اس لیے فرمائشیں ٹالنے کی نت نئی ترکیبیں بھی تراشتے رہتے تھے۔نواب علاء الدین خاں علائی کے یہاں کسی فرزند کی ولادت ہوئی تو انھوں نے غالب سے یہ فرمائش کی کہ تاریخ ولادت کہہ دیں یا کم از کم تاریخی نام ڈھونڈ دیں۔ اس پر غالب نے علائی کو خط

لکھا:

"تم سخنور ہو گئے، حسن طبع خدا داد رکھتے ہو۔ ولادت فرزند کی تاریخ کیوں نہ کہو۔ اسمِ تاریخی کیوں نہ نکال لو کہ مجھ پیر غم زدہ، دل مردہ کو تکلیف دو؟ علاء الدین خاں تیری جان کی قسم، میں نے پہلے لڑکے کا اسم تاریخی نظم کر دیا تھا اور وہ لڑکا نہ جیا۔ مجھ کو اس وہم نے گھیرا ہے کہ میری نحوست طالع کی تاثیر تھی، میرا ممدوح جیتا نہیں۔ نصیر الدین حیدر اور امجد علی شاہ ایک ایک قصیدے میں چل دیے۔ واجد علی شاہ تین قصیدوں کے متحمل ہوئے پھر نہ سنبھل سکے۔۔۔۔۔ نہ صاحب دوہائی خدا کی میں نہ تاریخ ولادت کہوں گا نہ نامِ تاریخی ڈھونڈوں گا"۔ (ج ص:۳۶۸)

اس اقتباس میں غالب نے نہایت خوبصورت مزاحیہ انداز میں فرمائش کی تعمیل سے انکار کیا ہے۔ اگر وہ چاہتے تو براہ راست انکار کر سکتے تھے مگر یہ خطرہ تھا کہ شاگرد کی دلشکنی ہوگی اس لیے اپنے آپ کو منحوس قرار دے کر اس فرمائش سے نجات حاصل کرنا چاہتے ہیں۔ چنانچہ علائی سے کہتے ہیں کہ تم خود ہی سخن ور ہو اور حسن طبع رکھتے ہو، تم خود ہی اسمِ تاریخی نکال لو، کیوں مجھے تکلیف دیتے ہو۔ پھر کہتے ہیں کہ بات یہ ہے میں منحوس ہوں جس کی تعریف کرتا ہوں وہ زندہ نہیں رہتا۔ حسن بیان اور حسن تعلیل کے ساتھ مزاح کا یہ نہایت خوبصورت انداز ہے۔ اس طرح کے پیرایۂ بیان سے غالب کو نجات بھی مل گئی اور شاگرد و دوست کی دلشکنی بھی نہیں ہوئی۔ اس شگفتہ پیرایۂ اظہار کی وجہ سے بیان میں خوبصورتی اور رعنائی بھی پیدا ہو گئی ہے۔

دنیا کی سب سے تلخ حقیقت موت ہے۔ موت کے تذکرے کے وقت، ہنسوڑ سے ہنسوڑ آدمی بھی شوخی و ظرافت کا لبادہ اتار کر سنجیدہ ہو جاتا ہے، لیکن غالب اپنے تعزیتی خطوط میں بھی اپنی فطری شوخی اور خوش طبعی سے باز نہیں آتے۔

(اسے بھی پڑھیں۔ غزل اور تدریس غزل- پروفیسر خالد محمود

مرزا حاتم علی مہر کی محبوبہ کے انتقال کی خبر سن کر غالب نے مہر کے پاس جو تعزیت نامہ بھیجا وہ ملاحظہ ہو، کہتے ہیں:

"مرزا صاحب! ہم کو یہ باتیں پسند نہیں۔ پینسٹھ (۶۵) برس کی عمر ہے۔ پچاس برس عالمِ رنگ و بو کی سیر کی ہے۔ ابتدائے شباب میں ایک مرشدِ کامل نے یہ نصیحت کی ہے کہ ہم کو زہد و ورع منظور نہیں، ہم مانعِ فسق و فجور نہیں۔ پیو، کھاؤ، مزے اڑاؤ، مگر یہ یاد رہے کہ مصری کی مکھی بنو، شہد کی مکھی نہ بنو۔ سو، میرا اس نصیحت پر عمل رہا ہے، کسی نے مرنے کا وہ غم کرے جو آپ نہ مرے، کیسی اشک فشانی، کہاں کی مرثیہ خوانی، آزادی کا شکر بجالاؤ، غم نہ کھاؤ اور اگر ایسے ہی اپنی گرفتاری سے خوش ہو تو 'چنا جان'، نہ سہی 'منا جان' سہی۔ میں جب بہشت کا تصور کرتا ہوں اور سوچتا ہوں کہ اگر مغفرت ہو گئی اور ایک قصر ملا اور ایک حور ملی، اقامتِ جاودانی ہے اور اسی ایک نیک بخت کے ساتھ زندگانی ہے۔ اس تصور سے جی گھبراتا ہے اور کلیجہ منھ کو آتا ہے۔ ہے ہے وہ حور اجیرن ہو جائے گی، طبیعت کیوں نہ گھبرائے گی۔ وہی زمردیں کاخ اور وہی طوبیٰ کی ایک شاخ! چشم بد اور، وہی ایک حور۔ بھائی ہوش میں آؤ، کہیں اور دل لگاؤ"۔

(ج دوم ص: ۷۲۱-۷۲۲)

کہنا صرف اتنا ہے کہ آزادی کا شکر بجالائو کہ تم کو نجات مل گئی اور اگر اپنی گرفتاری سے خوش ہو تو کسی اور سے عشق کرو۔ استعاراتی انداز میں اسی بات کو یوں کہتے ہیں کہ 'چنّا جان' نہ سہی 'منّا جان' سہی۔ یعنی تم کہیں دوسری جگہ اپنا دل لگاؤ۔ دیکھیے مزاح کا پہلو کیسا خوبصورت نکالا ہے کہ اگر میری مغفرت ہو گئی، جنت مل گئی تو وہاں کی زندگی تو ہمیشہ ہمیش کی ہے۔ ایک قصر ملے گا اور ایک حور۔ وہ حور اجیرت ہو جائے گی۔ کیسے دل لگے

گا۔ طبیعت کیوں نہ گھبرائے گی۔

نواب علاء الدین خاں علائی کے نام خط میں لکھتے ہیں:

"میاں میں بڑی مصیبت میں ہوں، محل سرا کی دیواریں گر گئی ہیں۔ پاخانہ ڈھ گیا، چھتیں ٹپک رہی ہیں۔۔۔۔۔۔۔۔ چھت چھلنی ہے۔ ابر دو گھنٹے برسے تو چھت چار گھنٹے برستی ہے" (ج اول ص:۳۹۸)

اس خط میں بھی طنز و مزاح کی بہ یک وقت جلوہ گری ہے۔ ایک طرف اپنی غربت کا احساس ہے کہ میرے گھر کی دیواریں گر گئی ہیں، میں بنوا نہیں سکتا۔ برسات کا موسم ہے بڑی مصیبت میں ہوں۔ دوسری طرف مزاح کا پہلو یہ نکالا ہے کہ 'ابر دو گھنٹے برسے تو چھت چار گھنٹے برستی ہے۔' اسی صورت حال کا بیان مرزا ہر گوپال تفتہ کے نام خط میں اس طرح کرتے ہیں:

"بالا خانے کا جو دالان میرے بیٹھنے اٹھنے، سونے جاگنے، جینے مرنے کا محل، اگرچہ گرا نہیں، لیکن چھت چھلنی ہو گئی، کہیں لگن، کہیں چلمچی، کہیں اُگالدان رکھ دیا۔ قلم دان، کتابیں اٹھا کر توشہ خانے کی کوٹھری میں رکھ دیے۔۔۔۔۔۔۔۔ کشتیٔ نوح میں تین مہینے رہنے کا اتفاق ہوا، اب نجات ہوئی ہے۔ (ج اول ص:۳۴۵-۳۴۶)

اپنے خستہ و بوسیدہ مکان کو برسات کے موسم میں 'کشتیٔ نوح' کہہ کر غالب نے بلاغت اور ظرافت دونوں کا حق ادا کر دیا ہے۔

مرزا ہر گوپال تفتہ کے نام ایک خط میں لکھتے ہیں:

"یہ تمھارا دعا گو اگرچہ اور امور میں پایۂ عالی نہیں رکھتا مگر احتجاج میں اس کا پایہ بہت عالی ہے، یعنی بہت محتاج ہوں۔ سو دو سو میں میری پیاس نہیں بجھتی، تمھاری ہمت پر سو ہزار آفریں۔ جے پور سے مجھ کو اگر دو ہزار ہاتھ آجاتے تو میرا قرض رفع ہو جاتا اور

پھر اگر دو چار برس کی زندگی ہوتی تو اتنا ہی قرض اور مل جاتا"۔ (ج اول ص:۲۵۸-۲۵۹)

اس اقتباس میں غالب نے تعلی کا انداز میں اپنی مفلسی کا مذاق اڑایا ہے کہہ رہے ہیں کہ میرا پایہ اور جگہ بلند نہیں مگر احتیاج میں بہت بلند ہے۔ اظہار احتیاج کا یہ انداز نہایت بلیغ اور دلنشیں ہے۔

مرزا تفتہ نے جب اپنا دوسرا دیوان مرتب کیا تو غالب سے تقریظ کی فرمائش کی اس کے جواب میں لکھتے ہیں:

"صاحب! دیباچہ و تقریظ کا لکھنا ایسا آسان نہیں ہے کہ جیسا تم کو دیوان کا لکھ لینا ،کیوں روپیہ خراب کرتے ہو اور کیوں چھپواتے ہو؟ اگر یوں ہی جی چاہتا ہے تو ابھی کہے جاؤ، آگے چل کر دیکھ لینا۔ اب یہ دیوان چھپوا کر، اور تیسرے دیوان کی فکر میں پڑو گے۔ تم تو دو چار برس میں ایک دیوان کہہ لوگے، میں کہاں تک دیباچہ لکھا کروں گا"۔ (ج اول ص: ۲۶۵-۲۶۶)

یہاں غالب نے جھنجھلاہٹ کے ساتھ مزاح پیدا کیا ہے۔ ایک طرف تفتہ پر طنز ہے کہ تم تو دو چار برس میں ایک دیوان لکھ لوگے میں کہاں تک اسی طرح دیباچہ لکھتا رہوں گا۔ ساتھ ہی مزاح کا پہلو بھی نکالا ہے۔

میر مہدی مجروح کے نام خط میں تعلّی اور مزاح کو جمع کر دیا ہے لکھتے ہیں:

"میاں ۱۲۷۷ھ کی بات غلط نہ تھی۔ مگر میں نے وبائے عام میں مرنا اپنے لائق نہ سمجھا۔ واقعی اس میں میری کسر شان تھی۔ بعد رفعِ فسادِ ہوا سمجھ لیا جائے گا"۔ (ج دوم ص:۵۳۰)

قصہ یہ تھا کہ غالب نے ۱۲۷۷ھ میں اپنی موت کی پیشن گوئی کی تھی۔ کسی نے تفر

تح میں لکھا کہ اس سال وَبا بھی پھیلی مگر آپ سلامت رہے اس پر غالب نے لکھا کہ اس وقت مرنا اس لیے مناسب نہیں سمجھا کہ لوگ کہیں گے کہ وَبا کی وجہ سے مر گیا اور اس عمومی موت میں میری عزت پر آنچ آسکتی تھی۔اس لیے زندہ سلامت بچ گیا۔یہاں تعلّی بھی ہے اور مزاح بھی۔

کہیں کہیں غالب نے عام روزمرہ کی سی بات کو مضحک بنا کر پیش کیا ہے۔مرزا حاتم علی مہر کے نام خط میں لکھتے ہیں:

"جب ڈاڑھی مونچھ میں سفید بال آگئے، تیسرے دن چیونٹی کے انڈے گالوں پر نظر آنے لگے۔اس سے بڑھ کر یہ ہوا کہ آگے کے دو دانت ٹوٹ گئے۔ناچار مسی بھی چھوڑ دی اور ڈاڑھی بھی"۔(ج اول ص:۷۱۹-۷۲۰)

یہاں غالب نے ایک طرف اپنے بدلتے ہوئے حلیے کا مذاق اڑایا ہے اور دوسری جانب اپنی انفرادیت کا اظہار بھی کر دیا ہے۔

حاصل یہ کہ غالب کے خطوط میں طنز و مزاح کے نوع بہ نوع اسالیب جلوہ گر ہیں۔یعنی کہیں تو محض طنز ہے اور کہیں طنز و مزاح بیک وقت موجود ہے اور کہیں جھنجھلاہٹ اور مزاح ہے، کہیں تعلیٰ اور مزاح ہے اور کہیں صورت حال کو مضحک بنا کر مزاح پیدا کرنے کی کوشش کی گئی ہے۔طنز و مزاح کے جتنے اسالیب اور تبسم زیر لب کی جتنی صورتیں ہمیں غالب کے خطوط میں دیکھنے کو ملتی ہیں دوسرے ادیبوں کے یہاں بہت کم نظر آتی ہیں

مراجع و مآخذ:

۱۔اردو ادب میں طنز و مزاح، وزیر آغا، اکادمی پنجاب ٹرسٹ، لاہور۔مارچ ۱۹۵۸

۲۔غالب کے خطوط ج اول، خلیق انجم، غالب انسٹی ٹیوٹ، نئی دہلی، ۲۰۰۰

۳۔ غالب کے خطوط ج دوم، خلیق انجم، غالب انسٹی ٹیوٹ، نئی دہلی، ۱۹۸۵

۴۔ غالب کے خطوط ج سوم، خلیق انجم، غالب انسٹی ٹیوٹ، نئی دہلی، ۱۹۹۶

۵۔ غالب کچھ مضامین، خلیق انجم، انجمن ترقی اردو (ہند)، نئی دہلی ۱۹۹۱

۶۔ یادگارِ غالب، مولانا الطاف حسین حالی، اتر پردیش اردو اکادمی، لکھنؤ، ۱۹۸۲

***

طنز و مزاح، اودھ پنچ اور شگوفہ

پروفیسر خالد محمود

ہمارے بعض طنز و مزاح نگاروں کو یہ شکایت رہتی ہے کہ طنز و مزاح کو درجہ دوم کا ادب خیال کیا جاتا ہے۔ میری رائے میں کوئی ادب فی نفسہ اول یا دوم درجے کا نہیں ہوتا۔ ادب کے تئیں تخلیق کار کا رویہ اس کے درجات کو پست و بلند کرتا ہے۔ آپ اردو کی تمام اصناف سخن سے دس شعرا کی فہرست بنائیں تو اس میں اکبر الہٰ آبادی کا نام ضرور شامل ہوگا یا نثر نگاروں کی مختصر ترین فہرست سے بھی مشتاق یوسفی کو نظر انداز نہیں کیا جاسکتا۔ اسی طرح طنز و مزاح کے صنف یا اسلوب ہونے کی باتیں ہوتی رہتی ہیں۔ دونوں میں فرق یہ ہے کہ صنف ایک محدود اور پابند اجزائے ترکیبی شئے ہے اور اسلوب ادب کی فضائے بسیط میں شیوہ ہائے گفتار کے مختلف النوع دلفریب رنگوں کے مرکب کا نام ہے۔ اب آپ جسے چاہیں قبول کریں۔ "فکر ہر کس بقدر ہمت اوست"

اردو طنز و مزاح کی روایت میں جب اس کے آغاز سے متعلق گفتگو کی جاتی ہے تو یہ دلچسپ حقیقت سامنے آتی ہے کہ جہاں تک شمالی ہند کا تعلق ہے اردو شاعری کا آغاز ہی طنز و مزاح سے ہوتا ہے۔ مورخین اس بات پر متفق ہیں کہ ولیؔ کے دلّی آمد سے قبل شمالی ہند میں اردو کو اس لائق نہیں سمجھا جاتا تھا کہ اس میں شاعری کی جاسکے۔ چند فارسی گو جن میں مرزا عطا عبدالجلیل اٹل اور جعفر زٹلّی وغیرہ شامل ہیں۔ تفنن طبع کی خاطر فارسی

میں اردو کا پیوند لگا کر ریختہ میں کچھ شعر کہہ لیا کرتے تھے۔ جعفر زٹلّی نے طنز و تضحیک ہجو واستہزا اور فحش گوئی کو چوں کہ باقاعدہ اپنا رنگ بنالیا تھا اس لیے وہی اردو میں طنز کا امام، احتجاجی شاعری کا بانی، ہزلیات کا موجد اور ہجو قبیح کا علمبردار قرار پایا۔ اس زمانے میں اردو فارسی کے جوڑ توڑ ہی کو ریختہ کہا جاتا تھا۔

مرزا جعفر حسین جعفر زٹلّی واحد شاعر ہے جس نے اردو طنز و مزاح خصوصاً طنز کی دنیا میں ایک انقلابی قدم اٹھایا اس کا ذکر یہاں اس لیے بھی ضروری ہے کہ نظیر اکبر آبادی کے علاوہ "اودھ پنچ" کے بانی مدیر منشی سجاد حسین نے بھی اس کے اثرات قبول کیے ہیں۔ جعفر زٹلی کو فرخ سیر نے ۱۷۱۳ء میں قتل کروادیا تھا۔ اردو ادب کی تاریخ میں ایسا نڈر بے باک اور جری شاعری دوسرا نظر نہیں آتا۔ اس نے ایک مطلق العنان بادشاہ وقت سے اور وہ بھی ایسا ظالم و جابر کہ جس نے تخت نشیں ہوتے ہی تخت کے تمام دعویداروں کو تسمہ کشی کے ذریعہ موت کے گھاٹ اتار دیا تھا۔ اس طرح ٹکر لی تھی کہ جب اس کا سکہ۔

سکّہ زد از فضل حق بر سیم وزر
بادشاہِ بحر و بر فرخ سیر

مسکوک ہوا تو جعفر نے بطور احتجاج اس سکّہ کی درج ذیل سخت پیروڈی کی تھی۔

سکّہ زد بر گندم و موٹھ و مٹر
بادشاہے تسمہ کش فرخ سیر

فرخ سیر نے اسی جرم کی پاداش میں اسے بھی موت کی سزا سنادی۔ جعفر کا دیوان عرصۂ دراز تک ناشائستہ الفاظ کی جگہ نقطلے لگا کر شائع کیا جاتا رہا۔ مگر اب مکمل صورت میں شائع ہوچکا ہے۔ اس کے عمومی مزاج کو درج ذیل اشعار کے ذریعہ سمجھا جاسکتا ہے۔

کشتیِ جعفر زٹلی در بھنور افتادہ است

ڈبکوں ڈبکوں می کند از یک توجہ پار کن

یا اورنگ زیب کی بہادری کی تعریف میں اس کا شعر:

زہے شاہ شاہاں کہ روز وغا

نہ ہلّد نہ جنبد نہ ٹلّد زجا

چنانچہ بطور تفنن طبع، اردو طنز و مزاح کے ابتدائی نقوش دلی کے فارسی گویوں میں آمدِ ولیؔ سے قبل ہی مل جاتے ہیں اور یہ سلسلہ عہد میر و غالب و اقبال سے ہوتا ہوا آگے بڑھ جاتا ہے۔ طنز و مزاح کو مستقل تحریک بنانے والوں میں پہلا نام بلاشبہ منشی سجاد حسین کا ہے انھوں نے ۱۸۷۷ میں لکھنؤ سے اپنی تحریک کا آرگن "اودھ پنچ" جاری کیا اور چھتیس برس تک اس کی آبیاری کرتے رہے۔ زندگی کے آخری چند برسوں میں جسمانی اور معاشی طور پر سخت نامساعد حالات میں بھی انھوں نے اس پرچے کو زندہ رکھنے کی ہر ممکن کوشش کی۔ اس سلسلے میں منشی جی کی جتنی بھی تعریف کی جائے کم ہے۔ یہ کام وہی شخص کر سکتا ہے جس نے طنز و مزاح کو سنجیدگی سے لیا ہو کیوں کہ طنز و مزاح واقعتا ایک سنجیدہ عمل ہے۔ اس کی مسکراہٹوں اور قہقہوں کے درون میں دردمندی، غم انگیزی، غم گساری، جاں سپاری، دل شکستگی اور دل بستگی کی زیریں لہریں دم موجزن رہتی ہیں۔ جو ایک طنز و مزاح نگار میں آفاقی دردمندی کا جذبہ پیدا کرتی ہیں۔ جعفر زٹلی اور منشی سجاد حسین کے حالات زندگی اسی خیال کی تائید کرتے ہیں۔ فرق یہ ہے کہ اول الذکر اپنے رد عمل کے اظہار میں برہنہ گفتاری پر مائل نظر آتا ہے اور آخر الذکر برہنگی سے گریزپا ہے۔

منشی سجاد حسین کا دوسرا بڑا کارنامہ یہ ہے کہ وہ اودھ پنچ کو تحریک بنا کر کئی اچھے لکھنے والوں کی خدمات حاصل کرنے میں کامیاب ہوئے۔ اودھ پنچ کے لکھنے والوں میں منشی سجاد

حسین کے علاوہ مرزا مچھو بیگ ستم ظریف، نواب سید محمد آزاد، منشی جوالہ پرشاد برق، منشی احمد علی شوق، پنڈت تربھون ناتھ ہجر وغیرہ جیسے نام شامل ہیں۔ لیکن اودھ پنچ کی سب سے بڑی خوش نصیبی یہ تھی کہ اکبر الہ آبادی اس کے شریک سفر ہوگئے۔ یہ اکبر ہی تھے جو اردو طنز و مزاح اور اودھ پنچ کی شہرت اور مقبولیت کا سب سے معتبر و مستند حوالہ ثابت ہوئے۔ اودھ پنچ کے قلم کار مغربی تہذیب سے سخت نالاں تھے اس کے علاوہ ملک کے سیاسی، سماجی اور مذہبی نمائندوں کی کج رویوں کے بھی خلاف تھے۔ لیکن ان کے بنیادی مقاصد میں مغرب کی سیاست اس کی تعلیم اور خاص طور پر مغربی تہذیب کی مخالفت سر فہرست تھی۔ سر سید مغربی تعلیم و تہذیب کے سب سے بڑے حامی اور علمبر دار تھے۔ اس لیے "اودھ پنچ" کے تیر اندازوں کا سب سے پہلا ہدف بھی سر سید اور ان کا کالج ہی بنا۔ اودھ پنچ کے بارے میں ڈاکٹر وزیر آغاز لکھتے ہیں:

"اردو صحافت میں اودھ پنچ کی اہمیت کے تین وجوہ ہیں پہلے تو یہ کہ اودھ پنچ اردو کا پہلا مزاحیہ اخبار تھا بلکہ اس نے پہلی بار اردو میں مغربی طنز و مزاح کے حربوں کو استعمال کیا دوسرے یہ کہ سیاسی اور مجلسی مسائل پر بھرپور طنز کا آغاز اودھ پنچ سے ہوا۔ اودھ پنچ سے قبل محض نکتہ چینی یا ایک حد تک تنقید ضروری تھی لیکن ظرافت کے بیشتر عناصر کا فقدان تھا۔ تیسری یہ کہ اودھ پنچ وہ پہلا اردو اخبار تھا کہ جس نے کسی خاص واقعے کے متعلق اپنی رائے دینے یا کسی چیز کے مضحک پہلو کو نمایاں کرنے کے لیے یا مخصوص حریف کو ذلیل کرنے کے لیے کارٹون کا بھی استعمال کیا۔"

اودھ پنچ نے اپنے مقاصد کے حصول کے لیے طنز و مزاح کے تمام لطیف و کثیف حربوں کا استعمال کیا اور اپنے حریفوں کو نیچا دکھانے میں کوئی دقیقہ فرو گذاشت نہیں کیا۔ اودھ پنچ کے بعد بطور تحریک حیدر آباد کے "شگوفہ" کا نمبر آتا ہے جس کا پہلا شمارہ یکم

نومبر ۱۹۶۸ میں شائع ہوا۔ اس تعلق سے اطمینان کا پہلو یہ ہے کہ اودھ پنچ کے اختتام اول یعنی ۱۹۱۲ سے شگوفہ کے آغاز ۱۹۶۸ تک تقریباً پچاس سالہ وقفہ بھی طنز و مزاح سے خالی نہیں رہا۔ اس دور میں ہمیں طنز و مزاح لکھنے والے نثر نگاروں اور شاعروں کی ایک کہکشاں نظر آتی ہے جس کے روشن ستاروں میں خواجہ حسن نظامی، مرزا فرحت اللہ بیگ، امتیاز علی تارج، شفیق الرحمن، پطرس بخاری، عظیم بیگ چغتائی، سید محمد جعفری، کنہیالال کپور، فکر تونسی، ابراہیم جلیس ربعہ مہدی علی خاں فرقت کاکوروی ملا رموزی تخلص بھوپالی ،ابن انشا کرنل محمد خاں اور شاعروں میں ظفر علی خاں، علامہ اقبال، ظریف لکھنوی، احسن لکھنوی، مجید لاہوری، احمق پھوندوی، سید محمد جعفری، ضمیر جعفری، دلاور فگار، رضا نقوی واہی اور کئی نام شامل ہیں۔ یہ نام بھی یاداشت کے سہارے بے ترتیب ہی لکھے گئے ہیں۔

اب شگوفہ کے لیے کیا عرض کروں۔ حیدر آباد میں شگوفہ پر اظہار خیال کرنا ایسا ہی ہے جیسے کوئی سورج کا تعارف سورج سے کرانے بیٹھ جائے۔ شگوفہ کے بارے میں یہ بات تو خیر اب پرانی ہو چکی ہے کہ اس نے "اودھ پنچ" کی چھتیس سالہ اشاعت کا ریکارڈ توڑ دیا ہے۔ مگر میرے نزدیک اس پرچے کا سب سے بڑا کمال یہ ہے کہ اس نے اپنے لیے شائستہ شستہ اور شائستہ طنز و مزاح کی جو پالیسی وضع کی تھی اسی پر آج تک قائم ہے اور اس طویل عرصے کے دوران کہیں بھی اس کے پائے استقلال میں لغزش پیدا نہیں ہوئی۔ وہ پالیسی کیا تھی؟ آیئے اس کے مدیر سے سنتے ہیں۔ ۲۰۰۵ میں دہلی اردو اکیڈمی، دہلی کے سہ روزہ کل ہند سمینار میں شگوفہ کے مدیر اعلیٰ مصطفی کمال صاحب نے اپنے عزیز دوست اور صاحب کمال طنز و مزاح نگار پرویز یداللہ مہدی کے ساتھ شرکت فرمائی تھی۔ اس سمینار میں تیس مقالے پندرہ خاکے اور چھ انشایئے پڑھے گئے تھے۔ افتتاحی خطبہ

قرۃ العین حیدر کا تھا اور صدارت مجتبیٰ حسین صاحب نے فرمائی تھی۔ مصطفی کمال صاحب نے اپنے پیش کردہ مقالے "اردو طنز و مزاح میں زندہ دلان حیدر آباد کا حصہ" میں شگوفے کی پالیسی پر روشنی ڈالتے ہوئے لکھا تھا:

"شگوفہ ملک کی آزادی کے بعد ایسے دور میں شائع ہونے لگا جب کہ انگریزوں کی غلامی سے تو نجات حاصل ہو گئی لیکن غربت، نفرت، کدورت، فرقہ پرستی، ذات پات کی تفریق اور ہر قسم کے تشدد سے نجات ممکن نظر نہیں آتی۔ شگوفہ نے "اودھ پنچ" کی طرح کسی سر سید حالی داغ اور شرر کو ہدف نہیں بنایا۔ بلکہ فرد، ادارے، تحریک اور لفظ کی حرمت کو قائم رکھتے ہوئے کسی پر کیچڑ اچھالے بغیر ادب کے دائرے میں رہ کر سماج کی تمام برائیوں کے خلاف کسی ذہنی تحفظ کے بغیر آواز اٹھائی گئی۔ ہماری ہمیشہ یہ کوشش رہی ہے کہ تخلیق کار کو نہیں تخلیق کار کو اہمیت دی جائے جس کے نتیجے میں اس رسالے کے ذریعے بے شمار نئے لکھنے والے روشناس ہوئے اور نئے لکھنے والوں کی تلاش کا یہ سلسلہ ہنوز جاری ہے۔ کبھی ذرا سا بھی شبہ ہو کہ مضمون نگار نے بعض کرداروں کے پردے میں کسی مخصوص فرد یا ادارے کو نشانہ بنایا ہے تو ان کرداروں کے نام اور واقعات بلا تکلف تبدیل کر دیے گئے۔ طنز و مزاح کے نام سے پھکڑ پن اور ابتذال کی حدوں کو چھونے کی اجازت کبھی نہیں دی جاتی۔ ہمارا یہ رویہ قلمی معاونین کو اپنا انداز تبدیل کرنے پر مجبور کرتا ہے۔"

یہ پالیسی "اودھ پنچ" کی پالیسی سے یکسر مختلف تھی۔ وہاں کوئی قدغن نہ تھی، یاں فکر و فن دونوں کا احتساب لازمی قرار دیا گیا وہاں جس کی چاہتے پگڑی اچھال دیتے۔ یہاں پگڑی کو ہاتھ لگانے کی اجازت نہیں دی گئی۔ وہاں طنز کے وار کے لیے تمسخر تضحیک بلکہ ابتذال بھی روا تھا۔ یہاں یہ سب کچھ ساقط المعیار قرار پایا۔ گویا جو کہا تھا وہی کر کے

دکھادیا۔ شگوفہ کے تمام شمارے اس پالیسی کی صداقت کے روشن ابواب کی شکل میں ہمارے سامنے موجود ہیں اور پکار پکار کر کہہ رہے ہیں کہ جو چاہے ہمیں یہاں آکر دیکھ لے یا خود منگا کر پڑھ لے۔

"صلائے عام ہے یاران نکتہ داں کے لیے"

***

منفرد انداز کے طنز و مزاح کالم 'پیاز کے چھلکے' کے موجد : فکر تونسوی

محمد عباس دھالیوال

اردو ادب میں جب طنز و مزاح کے کالمز کا ذکر ہوتا ہے تو فکر تونسوی کے پیاز کے چھلکے کے بغیر یہ ذکر ادھورا نامکمل ہے کیونکہ فکر تونسوی نے طنز و مزاح سے لبریز اپنے اس کالم پیاز کے چھلکے کے ذریعے جو منفرد پہچان بنائی ہے اس کی مثال نہیں ملتی۔

فکر تونسوی جن کا اصل نام رام لال بھاٹیہ تھا اردو و ہندی ادب کی دنیا کے ایک عظیم ادبی شخصیت کے طور پر جانے جاتے تھے۔ آپ کی پیدائش ۷ اکتوبر، ۱۹۱۸ء کو بستی منگروٹھہ تونسہ شریف میں ہوئی تھی۔ جبکہ بقول محمد اعظم فکر تونسوی صاحب کی پیدائش شجاع آباد، ضلع ملتان میں ہوئی۔ آپ کا اصل نام رام لال بھاٹیہ تھا۔ فکر کے والد دھنپت رائے ایک زمیندار چوہدری نارائن سنگھ کے یہاں منشی تھے۔

فکر نے اپنی ابتدائی تعلیم اپنے ہی گاؤں سے حاصل کی جبکہ میٹرک کا امتحان ہائی اسکول تونسہ سے پاس کرنے بعد آپ ایمرسن کالج، ملتان میں داخلہ ہوئے۔ لیکن اسکے ایک سال بعد ہی آپ کے والد انتقال فرما گئے۔ جس کے صدمے نے آپ کو بے حال کر دیا۔ جس کے نتیجے میں آپ کو مجبوراً تعلیم درمیان میں ہی چھوڑنا پڑی اور روزی روٹی کی تلاش میں لگ گئے۔ اسی بیچ شروع شروع میں ہفتہ وار رسالے کسان میں کام کی ابتدا کی۔

فکر کے مطابق انکی ادبی زندگی کا آغاز زیگیزین 'ادبی دنیا' میں نظم 'تنہائی' ۱۹۴۲ میں شائع ہونے سے ہوا حالانکہ اپنی ادبی زندگی کی شروعات کو سنجیدہ آغاز کہتے ہیں، اس سے پہلے بھی وہ غزلیں کہہ چکے تھے۔ اصل میں فکر تونسوی آٹھویں جماعت میں ہی شعر کہے لگے تھے۔ فکر کے مطابق ان کی نظم تنہائی کو ادبی سنگھٹن حلقہ ارباب ذوق نے سال کی بہترین نظم قرار دیا تھا۔ اس کے بعد معروف فکشن نگار ممتاز مفتی کے ساتھ مشترکہ ادارت میں دوماہی میگزین "سویرا" کا آغاز کیا۔ اس کے علاوہ آپ نے "ادب لطیف" کی ادارت بھی کی۔ ۱۹۴۷ کے فرقہ وارانہ فسادات میں بطور رفیوجی ہندوستان آئے۔ ۱۹۴۷ میں ہی نظموں کا پہلا مجموعہ ہیولے کے نام سے شائع ہوا۔ فسادات کے بعد شاعری ترک کر دی۔ مزاح اور طنز میں نثر لکھنے لگے۔ ان کی پہلی نثریہ تصنیف 'چھٹا دریا' فسادات پر ایک دردناک ڈائری کے فارم میں ہے۔ ان کی کتاب 'ساتواں شاستر' بھی فسادات کے موضوع پر ہے۔

لیکن کم معاوضہ کی وجہ سے ڈیرہ غازی خان کے ایک پرائمری اسکول میں بطور معلم اپنے فرائض انجام دینا شروع کر دیے۔ جب وہاں بھی گردشِ ایام نے چین نہ لینے دیا۔ تو لاہور چلے آئے اور کتب خانہ میں ملازم ہو گئے۔ جہاں آپ کو مختلف موضوعات پر کتابوں کے مطالعہ کرنے کا موقع ملا۔

اس کے بعد فکر، سردار اللہ نواز خان چیف آف قبیلہ کھتران نواز درانی کی زیرِ ادارت ڈیرہ غازی خان سے نکلنے والے ہفت روزہ اصلاح میں مضامین لکھنے لگے۔ اس دوران فکر کو سردار صاحب کی مدیرانہ صلاحیت سے بے حد متاثر ہوئے اور سردار درانی کی سحر انگیز شخصیت اور ان کی شاعرانہ خوبیوں سے متاثر ہو کر ان کی شاگردی اختیار کر لی اور اپنے کلام پر اصلاح لینے لگے۔

اس بات کا خلاصہ انہوں نے مختلف مواقع پر کیا۔ اس کے بعد فکر صاحب نے من کی موج، رسالہ کی ادارت زمیداری سنبھالی۔

اس کے بعد ۱۹۴۲ء میں ادبِ لطیف سے وابستہ ہوئے جہاں کیلاش وتی کو اپنی شریک حیات بنایا۔

اسی بیچ ملک تقسیم ہوا تو مذہبی اور سیاسی تعصب کی آندھی نے پورے بر صغیر کو اپنی لپیٹ میں لے لیا۔

فکر بھی اس تعصب سے اچھوتے نہ رہ سکے۔ کیوں کہ وہ ایک ادیب تھے اور وہ بھی بے حد جذباتی۔ اس لیے جب لوٹ کھسوٹ اور قتل و غارت کے دلخراش مناظر دیکھے تو اپنے بیوی بچوں کے لیے بے حد فکر مند ہوئے۔ اسی بیچ آپ کے ادبی و شاعر دوستوں ساحر لدھیانوی، قتیل شفائی اور احمد راہی وغیرہ تونسہ شریف لے آئے اور آپ کے بچوں کو اپنی زیر نگرانی میں لاہور لے آئے۔ ان فرقہ وارانہ فسادات کے بعد فکر تونسوی بطور رفیوجی ہندوستان تشریف لے آئے۔

ان کی نظموں کا پہلا مجموعہ ہیولے کے نام سے شائع ہوا۔ ملک کی تقسیم کے بیچ ہوئے فسادات کے بعد فکر تونسوی نے صمف شاعری کو خیر باد کہا اور اپنی پوری توجہ طنز و مزاح پر صرف کرنے لگے۔ ان کی پہلی نثریہ تصنیف 'چھٹا دریا' فسادات پر ایک دردناک ڈائری کی شکل میں ہے۔ اسی طرح سے آپ کتاب ساتواں شاستر' بھی فسادات کے درد ناک مناظر کی ایک دلخراش تصویر پیش کرتی ہے۔

آپ نے ہندوستان میں آنے کے بعد یہاں روزنامہ نیازمانہ، میں طنزیہ کالم" آج کی خبر" کے عنوان تحت لکھنا شروع کر دیا۔ اس کے بعد فکر صاحب ۱۹۵۵ء میں دہلی کے اردو روزنامہ "ملاپ" میں پیاز کے چھلکے کے عنوان کے تحت سیاسی و سماجی مسائل پر طنزیہ

کالم لکھنے لگے اس وقت یہ کالم یعنی پیاز کے چھلکے اخبار کے قارئین میں اتنا زیادہ مقبول ہوا تھا کہ قارئین پیاز کے چھلکے کالم کا بے صبری سے انتظار کرتے تھے اور جب یہ اخبار شائع ہو کر مارکیٹ میں آتا تو کیا مزدور، کیا دکاندار، کیا وکیل کیا ڈاکٹر کیا حکیم کیا پروفیسر کیا عام و خاص سبھی لوگ انکے پیاز کے چھلکے کے دلدادہ تھے یہی وجہ ہے کہ وہ پرچہ بازار میں آتے ہی ہاتھوں ہاتھ بِک جاتا تھا اور پاٹھک اخبار لیتے ہی پہلے پیاز کے چھلکے والے کالم والا صفحہ نکالتے اور نہایت دلچسپی و شوق کے ساتھ اس کالم کو پڑھنے میں مصروف ہو جاتے۔ آپ ملاپ اخبار سے ۲۵ سال تک وابستہ رہے یعنی اس اخبار کے ذریعے اپنے پیاز کے چھلکوں مسلسل قارئین کو ہنساتے اور رلاتے رہے۔

اس کے علاوہ ریڈیو اسٹیشن جالندھر اور دہلی پر سینکڑوں شاہکار ڈرامے، فیچر اور تقریریں پیش کیں۔ ٹیلی ویژن پر متعدد ڈرامے لکھے۔ جنھیں سامعین و ناظرین نے خوب پسند فرمایا۔

فکر تونسوی واحد ایسے سیاسی طنز و مزاح کے مصنف تھے جن کا انداز بیان اپنے ہم عصر دوسرے مزاح نگاروں سے بالکل مختلف تھا۔ بقول کنہیالال کپور فکر تونسوی نے اردو ادب میں ایک لفظ تونسہ کا اضافہ کیا ہے۔ اپنی کتاب 'وارنٹ گرفتاری' میں انہوں نے اپنی جان پہچان کرواتے ہوئے 'مصنف کا کچا چٹھا' کے عنوان کے تحت لکھتے ہیں کہ:" مصنف کا نقلی نام فکر تونسوی ہے (اصلی نام کافی واہیات تھا) پہلی جنگ عظیم میں پیدا ہوا اور تیسری جنگ عظیم میں کوچ کر جائے گا۔ والدین غریب تھے اس لیے والدین یعنی غریبوں کے حق میں لکھنے کی عادت پڑ گئی۔ اس کی خواہش ہے کہ غریب ہمیشہ قائم رہیں کہ کوئی ہمیشہ لکھتا رہے۔ شروع شروع میں نظمیں لکھتا تھا جو اس کی اپنی سمجھ میں بھی نہیں آتی تھیں۔ بڑی مشکل سے اس کی سمجھ میں یہ بات آئی کہ وہ گھٹیا شاعر اور بڑھیا نثر

نگار ہے۔ چنانچہ نثر میں مزاحیہ اور طنزیہ چیزیں لکھنے لگا۔ پہلے اسے یقین نہیں آتا تھا کہ وہ اچھا لکھتا ہے۔ لیکن جب قارئین نے شور مچادیا کہ وہ اعلیٰ ترین طنز نگار ہر، تب اسے بھی اپنے اعلیٰ ترین ہونے کا یقین آگیا۔ جس دن یہ یقین ٹوٹ گیا وہ خودکشی کرلے گا۔

شکل بھونڈی ہے، تحریر خوبصورت ہے اور یہ دونوں چیزیں خداداد ہیں۔ لوگ اس کی تحریر پڑھ کر اسے دیکھنا چاہتے ہیں، جب دیکھ لیتے ہیں تو اس کی تحریریں پڑھنا چھوڑ دیتے ہیں۔ اس لیے مصنف دنیا سے منھ چھپاتا پھرتا ہے۔ عزت قائم رکھنے کے لیے انسان کو سب کچھ کرنا پڑتا ہے۔

وہ اب تک ہزاروں صفحے لکھ چکا ہے اور لاکھوں مداح پیدا کرچکا ہے۔ اس کا دعویٰ ہے کہ لاکھوں صفحے اور کروڑ و مداح اس کی ارتھی کے ساتھ جائیں گے۔ جن میں زیر نظر کتاب اور اس کے پڑھنے والے بی شامل ہوں گے۔ (یہ کچا چٹھا مصنف نے خود اپنے منھ میاں مٹھو بن کر لکھا)' دہلی"

ایک جگہ اپنی ایک کتاب کے تعارف میں فکر تونسوی جمہوری نظام کی حقیقیت بیان کرتے ہوئے لکھتے ہیں کہ "ہاں یہ کتاب میں نے کلو ادھوبی کے لیے لکھی ہے، جو اسے پڑھ نہیں سکتا۔ ہم دانشمند لوگ بہت سے کام ایسے کرتے ہیں جن کا مقصد شانتی لال کو فائدہ پہنچانا ہوتا ہے، مگر فائدہ کانتی لال اٹھاتا ہے۔ اور اسی کو ہم ڈیموکریسی کہتے ہیں۔ ڈیموکریسی کی سب سے بڑی ٹریجڈی یہ ہے کہ وہ شانتی لال اور کانتی لال دونوں کے لیے ہوتی ہے۔ اس لیے شانتی لال روتا ہے اور کانتی لال ہنستا ہے، اور اس رونے اور ہنسنے کو ایک ہی پلیٹ فارم پر اکٹھا کرنا ایک زبردست کارنامہ ہے، جس سے تاریخ جنم لیتی ہے اور نہ جانے اس طرح کی کتنی الم غلم عظیم چیزیں جنم لیتی ہیں۔' آخری جملہ ہے؛ اور یہ کتاب میری معصومیت کی لاش کا نوحہ ہے۔"

آپ نے اردو ادب میں ۲۰ اور ہندی زبان میں ۸ کتابیں لکھ کر دونوں زبانوں کے ادب کو اپنی بیش قیمت خدمات سے نوازا۔ ان میں ہیولے چھٹا دریا، پیاز کے چھلکے، چوپٹ راجا، فکر نامہ، آدھا آدمی، چھلکے ہی چھلکے، بات میں گھات، گھر میں چور۔، میں، میری بیوی وارنٹ گرفتاری، ماڈرن الہ دین، ماؤزے تنگ، تیر نیم کش، ہم ہندوستانی، راجا راج کرے۔ ڈارلنگ۔ گمشدہ کی تلاش۔

فکر تونسوی صاحب کو انکی ادبی خدمات کے اعتراف میں زندگی میں بہت سے انعامات و اعزازات سے نوازا گیا۔ ان میں سے ۱۹۶۹ء میں سوویت لینڈ نہرو ایوارڈ،

۱۹۷۳ء میں چوپٹ راجا پر یو۔ پی اردو اکادمی ایوارڈ،

۱۹۷۷ء میں فکر نامہ پر یو۔ پی اردو اکادمی ایوارڈ،

۱۹۸۰ء میں آخری کتاب پر یو۔ پی اردو اکادمی ایوارڈ،

۱۹۸۳ء میں میر اکیڈمی ایوارڈ، ۱۹۸۵ء میں آخری کتاب پر بنگال اردو اکیڈمی ایوارڈ، ۱۹۸۷ء میں غالب ایوارڈ دہلی۔

ادب کی دنیا کا یہ بے مثال ستارہ عمر کے آخری ایام میں فالج کا شکار ہو گیا اور بالآخر ۱۲ ستمبر، ۱۹۸۷ء کو فکر تونسوی اس دنیائے فانی کو ہمیشہ ہمیش کے لیے الوداع کہہ گئے اور طنزیہ کالم نگاری کی دنیا میں ایک ایسی خلاء پیدا کر گئے جس کی بھرپائی ہو پانا مشکل ہے۔

***

مشتاق احمد یوسفی: طنز و مزاح کا بے تاج بادشاہ

عبد الباری شفیق

اردو ادب کی دنیا میں فن طنز و مزاح کے بے تاج بادشاہ مشتاق احمد یوسفی کی شخصیت محتاج تعارف نہیں، وہ اردو کے بھارتی نژاد پاکستانی مزاح نگار تھے، ان کی ولادت ۴/ ستمبر ۱۹۲۳ء کو متحدہ ہندوستان کے شہر جے پور، ٹونک، راجستھان کے ایک تعلیم یافتہ خاندان میں ہوئی، ان کے والد محترم جناب عبد الکریم خان یوسفی جے پور بلدیہ کے صدر نشین تھے اور بعد میں جے پور قانون ساز اسمبلی کے اسپیکر مقرر ہوئے۔

مشتاق احمد یوسفی نے راجپوتانہ میں اپنی ابتدائی تعلیم حاصل کرنے کے ساتھ بی اے کیا، پھر اعلیٰ تعلیم (ایم اے) کرنے کے لئے آگرہ کا رخت سفر باندھا اور وہاں کے مشہور کالج سینٹ جانس کالج سے فلسفہ میں ایم اے کیا۔ اس کے بعد علی گڑھ مسلم یونیورسٹی سے ایل ایل بی (وکالت) کی اعلیٰ تعلیم حاصل کی۔ بعد ازاں ہندوستانی پبلک سول سرویسز (پی سی ایس) کا امتحان پاس کر کے ۱۹۵۰ء تک ہندوستان میں مسلم کمرشیل بینک سے متعلق ہوئے اور ڈپٹی جنرل منیجر کے عہدہ پر فائز ہوئے۔ چونکہ تقسیم ہند اور قیام پاکستان کے بعد ان کے خاندان کے افراد و احباب پاکستان ہجرت کر گئے تھے، لہذا انھوں نے بھی ۱۹۵۰ء میں بھارت کو چھوڑ کر پاکستان ہجرت کر گئے اور پاکستان کے شہر کراچی میں سکونت اختیار کی۔ یوسفی صاحب پاکستان میں رہتے ہوئے ذریعہ معاش کے

لئے بینک کی نوکری کو ترجیح دی اور وہاں ایک بینک میں ملازمت اختیار کرلی، بینک میں مختلف عہدوں پر کام کرتے ہوئے ۱۹۶۵ء میں الائڈ بینک میں بحیثیت مینیجنگ ڈائریکٹر مقرر ہوئے، اسی طرح ۱۹۷۴ء میں یونائٹیڈ بینک کے صدر اور ۱۹۷۷ء میں پاکستان بینکنگ کونسل کے صدر نشین منتخب کئے گئے۔

چونکہ یوسفی صاحب بہت مخلص، امانت دار و دیانت دار ہونے کے ساتھ ساتھ بہت محنتی بھی تھے، جس کی وجہ سے بینک کے شعبہ میں کئی سال تک کام کرنے اور ان کی غیر معمولی خدمات پر انھیں پاکستان کا اعزازی ڈگری قائد اعظم میموریل تمغا عطا کیا گیا۔ یوسفی صاحب ملازمت کی خاطر لندن بھی تشریف لے گئے اور وہاں گیارہ (۱۱) سال اپنی خدمات انجام دینے کے بعد جب عمر کافی ڈھل گئی اور بچوں نیز اعزہ واقارب کی یاد ستانے لگی تو لندن کو خیر آباد کہہ کر ۱۹۹۰ء میں اپنے وطن کراچی، پاکستان لوٹ آئے۔

مشتاق احمد یوسفی عصر حاضر کے بہت بڑے مزاح نگار تھے ان کی وفات سے اردو دنیا میں جو خلا پیدا ہوا ہے اسے پر ہونا ناممکن نہیں تو مشکل ضرور ہے۔ کیونکہ انھوں نے ایک بینکر ہونے کے باوجود اردو ادب میں مزاح نگاری کا جو اعلیٰ معیار قائم کیا اور اپنے پیچھے پانچ جن ادبی شہ پاروں کو چھوڑا ہے وہ اردو دنیا کے لئے ایک نایاب تحفہ ہیں۔ ان کی پہلی کتاب " چراغ تلے "۱۹۶۱ء میں چھپی جب کہ دوسری " خاکم بدہن "۱۹۶۹ء، " زرگزشت "۱۹۷۶ء، " آب گم "۱۹۹۰ء اور آخری کتاب " شامِ شعر یاراں "۲۰۱۴ء میں چھپی۔ یہ اردو ادب اور فن مزاح نگاری میں ایسی لاثانی و نایاب کتابیں ہیں، جس نے اردو دنیا میں تہلکہ مچا دیا اور جن کے وسیلے سے یوسفی صاحب اردو ادب کا ایک مستقل باب بن گئے اور اپنی ان تصانیف کے ذریعہ تقریباً پون صدی تک فن طنز و مزاح پر حکمرانی کرتے رہے۔ چنانچہ ان کے ان ادبی و گرانقدر خدمات اور ان کے کارہائے نمایاں کو سراہتے

ہوئے انھیں صدر پاکستان کے ہاتھوں ۱۹۹۹ء میں " ستارہ امتیاز " اور ۲۰۰۲ء میں صدر پاکستان کے ہاتھوں " ہلال امتیاز " سے نوازا گیا اور ان کی بھرپور عزت افزائی کی گئی۔

یوسفی صاحب کی دیگر تصانیف کے علاوہ ان کی سب سے آخری کتاب " شامِ شعر یاراں " ۲۰۱۴ء میں شائع ہوئی جو معیاری اور قارئین کے مزاح کے خلاف ہونے کی صورت میں ان پر کافی طعن و تشنیع کے تیر برسائے گئے، کچھ لوگوں نے 'شامِ شعر یاراں " کو ان کی کتاب ماننے سے ہی انکار کر دیا، اس لئے کہ یوسفی صاحب کی یہ کتاب ان کی چاروں کتابوں سے قدر مختلف ہے یہ کتاب دراصل ان کے مختلف مواقع پر لکھے گئے مضامین کا مجموعہ ہے جسے اس میں یکجا کر دیا گیا ہے۔

ویسے تو یوسفی صاحب کا نام اردو دنیا میں بہت بڑا اور معتبر ہے اس کی وجہ ان کی اعلیٰ ظرفی، فن کاری اور طنز و مزاح ہے جس کی وجہ سے وہ پوری دنیا میں مشہور و معروف ہیں انھوں نے اپنی قلم کی جولانیوں کو مہمیز دے کر اردو زبان کے مزاحیہ ادب کو نہ صرف فروغ دیا ہے بلکہ اس کے پیچ و تاب کو بھی درست کیا اور اسے بام عروج پر پہنچایا ہے، انھوں نے مضامین میں سماجیات، سیاسیات، ملک و مذہب اور دیگر شعبہ ہائے حیات میں پائی جانے والی خامیوں و کمیوں کو ہدف بنا کر بھرپور طنز کیا اور اس طرح سماجی بے راہ روی کو آشکارا کیا ہے کہ قاری پڑھتے ہی چلا جائے اور اپنے آپ میں گم ہو جائے۔

انھوں نے اپنی کتاب " آب گم " میں ظرافت نگاری کا ایسا شاہکار پیش کرتے ہوئے جگہ جگہ اپنے مختلف کرداروں کے ذریعے معاشرے کی ان سچائیوں کو بے نقاب کیا ہے جو سماج کے لئے ناسور بن چکی ہیں۔ مثلاً رشوت خوری کے تعلق سے مکالماتی انداز میں ان کا مضمون " اسکول ماسٹر کا خواب "، "کار کابلی والا اور الہ دین بے چراغ " جس میں ایک کھٹارا کار اور ان پڑھ پٹھان وغیرہ پر مشتمل داستان اور اس کے علاوہ دیگر مضامین صرف

داستان نہیں بلکہ فکشن اور سچے واقعات کا دلآویز مرقع ہیں۔

اسی طرح ان کی دیگر کتابیں بھی طنز و مزاح کے فن میں اپنا ایک مقام و مرتبہ رکھتی ہیں، ان کی کتابوں میں بذلہ سنجی، برجستگی، ندرت خیال، مناسب الفاظ کا برمحل استعمال، واقعات کی تصویر کشی وغیرہ احسن طریقے سے موجود ہیں جس سے یوسفی صاحب کا معیار کافی بلند نظر آتا ہے۔ یہی وجہ ہے کہ یوسفی صاحب ایک شخصیت نہیں، ایک انجمن نہیں بلکہ ایک عہد کا نام ہے، جس کی داستان حیات تقریباً پون صدی پر محیط ہے، بالآخر "کل نفس ذائقۃ الموت" کے تحت اردو ادب کا یہ مایہ ناز، معروف ظرافت نگار اور فن طنز و مزاح کا بے تاج بادشاہ اپنے ہم عصروں، قارئین اور دیگر احباب کو ہنساتا رلاتا ہوا ۲۰ رجون ۲۰۱۸ء بروز بدھ کو کراچی، پاکستان میں ۹۵ رسال کی عمر میں اپنے خالق حقیقی سے جاملا۔

"اناللہ وانا الیہ راجعون"

اور اسی دن سلطان مسجد کراچی میں ان کی نماز جنازہ ادا کی گئی اور ہزاروں کی موجودگی میں سپرد خاک کیا گیا۔ اللہ ان کی مغفرت فرمائے۔ آمین!

***

اردو کے بلند پایہ طنز و مزاح نگار: مجتبیٰ حسین

ڈاکٹر احمد علی جوہر

مجتبیٰ حسین اردو زبان و ادب میں عہد ساز شخصیت کے مالک ہیں۔ ان کی علمی و ادبی شخصیت کے کئی پہلو ہیں۔ وہ ایک کالم نگار، خاکہ نگار، انشائیہ نگار، سفر نامہ نگار، صحافی، مترجم اور مؤلف بھی ہیں۔ لیکن اردو زبان و ادب میں ان کی بنیادی شناخت ایک منفرد و ممتاز طنز و مزاح نگار کی حیثیت سے ہے۔ وہ اردو کے باکمال اور بلند پایہ طنز و مزاح نگار ہیں۔ بیسویں صدی کے نصف آخر میں جن ادیبوں نے اردو کے طنزیہ و مزاحیہ ادب کو پروان چڑھایا اور اسے بلندی عطا کی، ان میں مشتاق احمد یوسفی اور مجتبیٰ حسین کا نام سر فہرست ہے۔ ان دونوں طنز و مزاح نگاروں نے اپنی تحریروں سے ابن انشاء، خواجہ حسن نظامی، مرزا فرحت اللہ بیگ، رشید احمد صدیقی، پطرس بخاری، شوکت تھانوی، عظیم بیگ چغتائی، کرنل محمد خاں، کنہیا لال کپور اور یوسف ناظم وغیرہ کی روایت کو نہ صرف زندہ کیا، بلکہ اسے آگے بڑھایا۔ یہی وجہ ہے کہ اردو طنز و مزاح نگاری میں ان دونوں کو مستحکم شناخت اور غیر معمولی اہمیت حاصل ہے۔

مشتاق احمد یوسفی کی طرح مجتبیٰ حسین بھی اپنے عہد کے قد آور طنز و مزاح نگار تھے۔ ان کی پیدائش ۱۵ / جولائی ۱۹۳۶ء کو ریاست کرناٹک کے ضلع گلبرگہ میں ہوئی تھی۔ ان کے والد کا نام مولوی احمد حسین تھا۔ انھوں نے ابتدائی تعلیم گھر پر حاصل کی۔

بعد ازاں انہوں نے ۱۹۵۶ء میں عثمانیہ یونیورسٹی سے گریجویشن اور ۱۹۵۸ء میں پبلک ایڈمنسٹریشن میں ڈپلوما کیا۔

مجتبی حسین نے اپنی ملازمت کا آغاز محکمہ مالیات، حیدرآباد سے کیا لیکن جلد ہی کسی وجہ سے وہ اپنی اس ملازمت کو ترک کر کے اردو کے مشہور اخبار روزنامہ "سیاست" سے وابستہ ہوگئے جہاں سے ان کے ادبی سفر کا آغاز ہوا۔ ۱۹۶۲ء میں مجتبی حسین کو محکمہ اطلاعات میں ملازمت ملی۔ ۱۹۷۲ء میں وہ دہلی میں گجرال کمیٹی کے ریسرچ کے شعبہ سے وابستہ ہوئے۔ دہلی میں این، سی، ای، آر، ٹی، اور دیگر محکموں میں ملازمت کے بعد ۱۹۹۲ء میں وہ سبکدوش ہوئے۔ ملازمت سے سبکدوشی کے بعد وہ حیدر آباد اپنی اصل رہائش گاہ لوٹ آئے اور علمی و ادبی سرگرمیوں میں مکمل طور پر منہمک ہوگئے۔ حالیہ چند برسوں سے وہ کافی علیل تھے۔ بالآخر ۲۷/ مئی ۲۰۲۰ء کی صبح اردو زبان و ادب کا یہ روشن ستارہ ہمیشہ ہمیشہ کے لئے غروب ہوگیا۔ (یہ بھی پڑھیں مجتبیٰ حسین کے خاکوں میں انفرادی رنگ -ڈاکٹر قسیم اختر)

مجتبی حسین ایک علمی و ادبی خانوادے میں پیدا ہوئے تھے۔ ان کے دو بڑے بھائی محبوب حسین جگر اور ابراہیم جلیس صاحب طرز ادیب اور مسلم الثبوت صحافی تھے۔ اس کے علاوہ سلیمان اریب، مخدوم محی الدین، شاذ تمکنت سے ان کا خاص تعلق اور مشفق خواجہ، مشتاق احمد یوسفی اور عطاء الحق قاسمی سے انھیں بے حد لگاؤ تھا۔ ایسا علمی و ادبی ماحول میسر ہونے کی بنا پر مجتبی حسین کو طالب علمی ہی کے زمانے سے ادب خصوصا طنز و مزاح کی تحریروں سے بے انتہا دلچسپی پیدا ہوگئی تھی۔ پھر فطری طور پر بھی ان کے اندر طنز و مزاح کی بے پناہ صلاحیت تھی۔ یہی وجہ ہے کہ جب روزنامہ "سیاست" سے وابستگی کے ذریعے انھیں اپنی غیر معمولی طنزیہ و مزاحیہ صلاحیت کے اظہار کا موقع ملا تو بہت جلد

وہ ایک نمایاں اور مستحکم طنز و مزاح نگار کی شکل میں سامنے آئے۔ روزنامہ "سیاست" میں وہ ایک کالم نویس کی حیثیت سے مقرر ہوئے تھے اور "کوہ پیما" کے فرضی نام سے ایک کالم بعنوان "شیشہ و تیشہ "لکھتے تھے۔ یہیں سے مجتبیٰ حسین کی طنز و مزاح نگاری کا آغاز ہوا۔ ان کی طنز و مزاح نگاری کا سفر تقریباً چھ دہائیوں پر محیط ہے۔ اس طویل تخلیقی سفر میں ان کی تقریبا ۲۴/ کتابیں منظر عام پر آئیں۔ ان کے مزاحیہ مضامین کے مجموعوں میں "تکلف برطرف"۔۰۰۔(۱۹۶۸ء), "قطع کلام" (۱۹۶۹ء), "قصہ مختصر" (۱۹۷۲ء), "بہر حال" (۱۹۷۴ء), "بالآخر" (۱۹۸۲ء), "الغرض" (۱۹۸۷ء), "آخر کار" (۱۹۹۷ء), اور خاکوں کے مجموعوں میں "آدمی نامہ" (۱۹۸۱ء), "سو ہے وہ بھی آدمی" (۱۹۸۷ء), "چہرہ در چہرہ" (۱۹۹۳ء), "ہوئے ہم دوست جس کے" (۱۹۹۹ء), "آپ کی تعریف" مرتبہ سید امتیازالدین، (۲۰۰۵ء), "مہرباں کیسے کیسے" مرتبہ سید امتیازالدین، (۲۰۰۹ء), "اردو کے شہر اردو کے لوگ" مرتبہ رحیل صدیقی، (۲۰۱۱ء) اور سفر ناموں میں "جاپان چلو جاپان چلو" (۱۹۸۳ء), "سفر لخت لخت" (۱۹۹۵ء) اور کالموں کے مجموعوں میں "میرا کالم" (۱۹۹۹ء), "مجتبیٰ حسین کے منتخب کالم" مرتبہ حسن چشتی، (۲۰۰۴ء), "کالم بر داشتہ" مرتبہ سید امتیازالدین (۲۰۰۷ء), "کالم میں انتخاب" مرتبہ سید امتیازالدین، (۲۰۱۱ء) قابل ذکر ہیں۔ ان کے علاوہ ان کی تخلیقات و تالیفات میں "مجتبیٰ حسین کی بہترین تحریریں" جلد اول، مرتبہ حسن چشتی، (۲۰۰۱ء), "مجتبیٰ حسین کی بہترین تحریریں" جلد دوم، مرتبہ حسن چشتی، (۲۰۰۲ء), "مجتبیٰ حسین کے سفر نامے" مرتبہ حسن چشتی، (۲۰۰۳ء) اور "امریکہ گھاس کاٹ رہا ہے" سفر نامہ اور کالم بارے امریکہ، مرتبہ احسان اللہ احمد، (۲۰۰۹ء) بھی سر فہرست ہیں۔

مجتبیٰ حسین اردو کے سنجیدہ اور صاحب بصیرت طنز و مزاح نگار ہیں۔ ان کا مشاہدہ

بہت وسیع اور گہرا ہے۔ انھوں نے امریکہ، جاپان، لندن، ماسکو، سعودی عرب، مسقط، پیرس، کینیڈا اور پاکستان وغیرہ کئی ملکوں کا سفر کیا ہے۔ انھوں نے اپنی طنزیہ و مزاحیہ تحریروں کا مواد اپنے آس پاس کی روزمرہ زندگی اور اپنے اردگرد کے معاشرے سے حاصل کیا ہے۔ یہی وجہ ہے کہ ان کی طنز و مزاح نگاری میں حقیقت کا رنگ نمایاں ہے۔

مجتبیٰ حسین کی طنز و مزاح نگاری کا دائرہ خاصا وسیع ہے اور ان کے یہاں موضوعات کا تنوع ہے۔ انھوں نے اپنے اردگرد پھیلی کائنات اور سماج کا مشاہدہ بہت باریک بینی سے کیا ہے۔ ایسا لگتا ہے کہ سماج کا کوئی بھی پہلو ان کی نظروں سے اوجھل نہیں رہا۔ انھوں نے سماج کے ہر طبقے اور معمولی سے معمولی واقعات کو موضوع بنایا ہے۔ خود غرضی و مفاد پرستی، منافقت و ریاکاری، سماجی انتشار، فکری گراوٹ، سیاسی ابتری، اہل اقتدار کی متعصبانہ روش اور ان کے سیاہ کردار، فرقہ واریت، معاشرہ میں پھیلی عصبیت اور اس کے نتیجے میں شرمسار انسانیت، لٹتی عصمتیں، اجڑتے اور ویران ہوتے گھر، بے حسی و بے ضمیری، غربت و افلاس، معاشی بحران، تہذیبی و ثقافتی قدروں کا زوال اور سماج کے دیگر رستے ہوئے ناسور، ان تمام پہلوؤں کی مجتبیٰ حسین نے اپنے مخصوص ظریفانہ انداز میں بے لاگ تصویر کشی کی ہے اور سیاہ کرداروں پر بے لاگ نشتر چلایا ہے۔ مجتبیٰ حسین نے اپنی طنزیہ و مزاحیہ تحریروں کے ذریعے سماج کی تلخ سچائیوں کو اجاگر ضرور کیا ہے لیکن اس شائستگی کے ساتھ کہ کہیں بھی سوقیانہ پن کا گذر نہیں ہوتا۔ وہ نہایت خاموشی اور سنجیدگی کے ساتھ دلکش ظریفانہ لہجہ میں اپنی بات کہتے ہیں۔ ان کی طنزیہ و مزاحیہ تحریریں تمسخر، استہزاء اور پھکڑپن سے پاک ہیں۔ دراصل مجتبیٰ حسین صرف تفریح طبع کی خاطر یا محض ضحک پیدا کرنے کے لئے نہیں لکھتے، بلکہ ان کی طنزیہ و مزاحیہ تحریروں میں ایک سبق اور ایک پیغام چھپا ہوتا ہے۔ فکر کی روشنی، بصیرت کی

کرن، شعور کی تیز آنچ اور جذبات کی گرمی سے لبریز مجتبی حسین کی طنزیہ و مزاحیہ تحریریں اپنے شگفتہ اسلوب سے قاری کو ہنسانے کے ساتھ ساتھ اسے غور و فکر پر آمادہ کرتی ہیں اور ان کی بصیرت و آگہی میں اضافہ کرتی ہیں۔

مجتبی حسین اپنی تحریروں کے ذریعے سماجی ناہمواریوں کو نشانہ ضرور بناتے ہیں اور معاشرہ کے مضحکہ خیز پہلوؤں پر چوٹ بھی کرتے ہیں مگر سپاٹ لہجہ میں نہیں، بلکہ وہ مزاح کی آمیزش سے اپنے طنز کو دلچسپ بنادیتے ہیں۔ وہ مزاح کی چاشنی سے طنز کی زہرناکیوں اور نشتروں کی تیزی کو اس طرح مدھم کردیتے ہیں کہ قاری کو ان کی تحریروں میں طنز کی تلخی کا احساس بھی نہیں ہوتا۔

مجتبی حسین ایک باشعور اور بیدار مغز ادیب ہیں۔ انھیں سیاسی، معاشرتی، سماجی اور عصری مسائل کا زبردست ادراک تھا۔ یہی وجہ ہے کہ ان کی تحریروں میں گہرا اجتماعی شعور اور عہد حاضر کے مسائل، پیچیدگیاں اور الجھنوں کی حیرت انگیز تصویریں ملتی ہیں۔ ان کی تحریروں میں عالمانہ و حکیمانہ انداز قاری کو خاطر خواہ متاثر کرتا ہے۔ عام انسانی زندگی کے حقائق کو اس انداز میں پیش کرنا کہ ابتذال کا شائبہ تک نہ ہو، مجتبی حسین کے فن کا کمال ہے۔ وہ بات سے بات پیدا کرنے کا ہنر جانتے ہیں اور قلم برداشتہ لکھتے ہیں۔ برجستگی، بے ساختگی، روانی اور طنز و مزاح کے معیاری اصولوں کی پابندی ان کی تحریروں کی نمایاں خصوصیات ہیں۔ انھوں نے طنز و ظرافت کو نئی فکر، نئے خیال اور نئے انداز و اسلوب سے روشناس کرایا۔

مجتبی حسین کی طنز و مزاح نگاری مفکرانہ شان کی حامل ہے جو ادب عالیہ کے معیار پر کھڑی اترتی ہے۔ اس میں کہیں بھی عامیانہ پن، ہجو گوئی یا کسی کی دل آزاری نہیں ہے۔ انھوں نے خود اپنے آپ کو طنز کا نشانہ بناکر اور اپنا مذاق آپ اڑا کر اعلی ظرفی کا ثبوت پیش

کیا ہے۔ ان کا یہ طریقہ کار مرزا غالب کی یاد دلاتا ہے۔ انھوں نے اس دلکش اور شگفتہ پیرائے میں اپنی بات کہی ہے کہ ان کی تحریر قاری پر سحر طاری کر دیتی ہے۔

مجتبی حسین اپنے طنز و مزاح کی ابتدا غم کی آخری حدوں سے جاکر کرتے ہیں۔ بظاہر تو وہ اپنی تحریروں سے ہنساتے ہوئے نظر آتے ہیں لیکن دراصل ان کی ہنسی اور قہقہوں میں گہرا عصری کرب، معاشرتی المیوں کا درد، مفلوک الحال اور لاچار انسانوں کا رنج و غم اور آنسو پوشیدہ ہوتا ہے۔ احساس دردمندی اور انسانیت سے محبت ان کی تحریروں میں کوٹ کوٹ کر بھری نظر آتی ہے۔ مجتبی حسین کی طنزیہ و مزاحیہ تحریروں کی یہی وہ خصوصیات ہیں جو انہیں دیگر طنز و مزاح نگاروں کے درمیان منفرد و ممتاز ثابت کرتی ہیں۔

مجتبی حسین کو طنز و مزاح پر غیر معمولی قدرت حاصل ہے۔ یہی وجہ ہے کہ وہ چند جملوں میں بڑی سے بڑی بات کہہ جاتے ہیں۔ دیکھئے انھوں نے اپنے مزاحیہ مضامین کے مجموعہ "بہر حال" کے مقدمہ کے اس مختصر سے اقتباس میں غیر معیاری ادب کے چلن، فکری انحطاط اور عصر حاضر کی سیاست، ان تمام پہلوؤں پر کس دلچسپ اور شگفتہ اسلوب میں اظہار خیال کیا ہے۔

"یوں بھی ملک میں کاغذ کی قلت نے ایسا خطرناک موڑ اختیار کر رکھا ہے کہ اب ادیب کچھ کہنا چاہتا ہے مگر کہہ نہیں پاتا۔ اب صرف ضروری اور لازمی کتابیں ہی چھپ سکتی ہیں۔ جیسے جاسوسی اور جنسی ناول، فلمی رسالے یا سیاسی جماعتوں کے الیکشن مینی فیسٹو"۔(۱)

مجتبی حسین ایک طنز و مزاح نگار ہونے کے ساتھ ساتھ ایک سچے محب وطن تھے۔ انھیں اپنے ملک کے ذرہ ذرہ سے بے پناہ محبت تھی۔ اپنے ملک پر اگر کسی طرح کی آنچ آتی

تو ان کا دل مضطرب ہو جاتا تھا۔ اس اضطراب اور حب الوطنی کا اظہار ان کی تحریروں میں جگہ جگہ ملتا ہے۔ اس ضمن میں ان کے مزاحیہ مضمون "چینی ایش ٹرے کی یاد میں" کا یہ اقتباس ملاحظہ ہو۔

"اور ادھر جب سے چین نے ہندوستان پر حملہ کیا تھا میں اپنے سگریٹ کی آگ کے علاوہ اپنے دل کی آگ بھی اسی ایش ٹرے میں بجھانے لگا تھا، بلکہ سگریٹ کی آگ کم اور دل کی آگ زیادہ بجھانے لگا تھا"۔(۲)

جیسا کہ عرض کیا گیا کہ مجتبیٰ حسین نے سماج کے تقریباً ہر طبقے کو اپنے طنز کا نشانہ بنایا ہے۔ دیکھئے انھوں نے اپنے مخصوص ظریفانہ اسلوب میں جلسہ صدارت کی کرسی کے وقار کو مجروح کرنے والے آج کل کے ناکارہ اور مفلوج صدور کا کیسا طنزیہ خاکہ کھینچا ہے۔

"بھئی! کیا" جناب صدر" تم ہی ہو؟"

وہ شخص اچانک بپھر گیا اور بولا "ذرا منہ سنبھال کے بات کرو۔ کسے "جناب صدر" کہتے ہو؟ کیا میں تمہیں ناکارہ، مفلوج اور بیکار آدمی نظر آتا ہوں جو تم مجھے "جناب صدر" کہہ رہے ہو۔ ابھی تو میرے قوی اچھے ہیں۔ میں اپنی روزی خود کماتا ہوں۔ میں ابھی اتنا اپاہج بھی نہیں ہوا ہوں کہ تم مجھے "جناب صدر" کہو۔ جناب صدر تو وہ ہے جو ڈائس پر اپنے سامنے پھولوں کے ہار رکھے یوں بیٹھا ہے جیسے شیر اپنے مارے ہوئے شکار کو سامنے رکھتا ہے۔ یہ کہتے ہوئے اس نے اس شخص کی طرف اشارہ کیا جو کرسی صدارت پر تقریباً اونگھ رہا تھا"۔(۳)

ہمارا ہندوستانی سماج ان گنت مسائل سے دوچار ہے۔ ان میں ایک اہم مسئلہ نااہل سیاست کی بے راہ روی ہے۔ اس نے متعدد مسائل کو جنم دیا ہے اور ہر شخص اس سے متاثر نظر آتا ہے۔ مجتبیٰ حسین نے سیاست کے اس پہلو پر اپنے شگفتہ و مزاحیہ انداز میں یوں

اظہار خیال کیا ہے۔

"جب سیاستداں ملک میں حکومت چلانے کے قابل نہ رہے تو ایک دن قوم پر ایسا برا وقت آیا کہ ملک میں شاعروں کی حکومت قائم ہو گئی۔ بس پھر کیا تھا، ملک میں سکہ کا چلن کم اور شاعری کا چلن زیادہ ہو گیا اور یوں ساری قوم کا چال و چلن ہی بگڑ گیا"۔(۴)

درج بالا اقتباس مجتبیٰ حسین کے مزاحیہ مضمون "شاعروں کی حکومت" سے ماخوذ ہے۔ اپنے اس مضمون میں انھوں نے ہندوستانی سماج کے کئی ناہموار پہلوؤں کو طنز کا نشانہ بنایا ہے۔ دیکھئے درج ذیل اقتباس میں مجتبیٰ حسین نے عصر حاضر کی حکومت، اس کے طریقہ کار اور انتظامیہ کی لاپرواہی، ان تمام پہلوؤں کو کس دلچسپ مزاحیہ انداز میں بیان کیا ہے۔

"جب شاعروں کی کابینہ بن گئی تو اس نے ایک حکمنامہ جاری کیا کہ سارے ملک میں اب سرکاری دفتروں کا کام "منظوم" ہوا کرے گا۔ اس حکمنامہ کی وجہ سے شاعری میں تو خیر کیا اضافہ ہوتا، الٹا دفتریت میں مزید اضافہ ہو گیا۔۔۔۔ حد ہو گئی کہ اگر کہیں آگ لگ جاتی اور فائر بریگیڈ کو بلانے کی نوبت آجاتی تو لوگ فائر اسٹیشن کے عہدیدار کے نام "منظوم" درخواست لکھنے میں مصروف ہو جاتے اور درخواست کے مقطع تک پہنچتے پہنچتے ان کے گھر جل کر خاک ہو جاتے"۔(۵)

مجتبیٰ حسین نے اپنے اس مضمون میں بناوٹی، مصنوعی اور غیر معیاری شاعری کو بھی طنز کا نشانہ بنایا ہے مگر اپنے مخصوص ظریفانہ انداز میں اسے اس قدر لطف و دلکشی اور شائستگی کے ساتھ بیان کیا ہے کہ قاری قہقہہ لگانے پر مجبور ہو جاتا ہے۔ ملاحظہ ہو درج ذیل اقتباس۔

"شاعروں کی حکومت نے ملک میں امن و امان کے قیام کے لئے پولیس کے محکمہ

کی تنظیم جدید بھی کر دی تھی۔ اب سزا اور تفتیش کے طریقے بھی بدل گئے تھے۔ حکومت نے بڑی خوش اسلوبی کے ساتھ غیر معیاری کلام کو علیحدہ مرتب کر کے محکمہ پولیس کے حوالہ کر دیا تھا تاکہ وہ اس کلام کے ذریعہ ملک میں امن و امان قائم کر سکے۔ کسی ملزم کی تفتیش کرنا مقصود ہوتا تو اسے کمرہ میں بند کر کے ایک طویل نظم سنائی جاتی تھی۔ تھوڑی دیر تک تو ملزم اس نظم کی تاب لاتا مگر جب یہ ناقابل برداشت ہو جاتی تو وہ فوراً اقبال جرم کر لیتا۔ تفتیش کا یہ بڑا کامیاب حربہ تھا۔۔۔۔۔۔ اگر طلباء کبھی جلوس نکالتے تو پولس کو لاٹھی چارج کرنے کی ضرورت پیش نہیں آتی تھی۔ پولیس والے صرف نظمیں سناتے ہوئے آگے بڑھتے تھے اور طلباء بھاگ جاتے تھے"۔(۶)

مجتبیٰ حسین کی تحریروں کے مطالعہ سے اندازہ ہوتا ہے کہ سیاست ان کا پسندیدہ موضوع ہے۔ سیاست کو موضوع بنا کر انھوں نے سیاستدانوں کی موقع پرستی، نااہلی، لاپروائی اور نہ جانے کن کن پہلوؤں کو بے نقاب کیا ہے۔ اس ضمن میں ان کا درج ذیل اقتباس ملاحظہ ہو۔

"ایک امیدوار سے ہم نے پوچھا تھا" بھئی! آخر آپ اپنے نعرے دیواروں پر کیوں لکھواتے ہیں؟

وہ بولے۔ "اگر میں انتخابات میں کامیاب ہو گیا اور پانچ سال کے بعد اگر مجھے پھر اپنے حلقہ میں جانے کی ضرورت پیش آئے تو میں ان نعروں کو دیکھ کر پتہ چلا سکوں گا کہ میرا حلقہ کون سا ہے۔ نعروں کی مدد کے بغیر آخر میں کس طرح اپنے حلقہ کے حدود اربعہ کا پتہ چلا سکتا ہوں؟"۔(۷)

مجتبیٰ حسین نے اپنی طنزیہ و مزاحیہ تحریروں میں جگہ جگہ تخریبی سیاست کے ساتھ ساتھ مفلوج جمہوریت پر بھی طنز کیا ہے۔ اس ضمن میں درج ذیل اقتباس دیکھئے:

"یوں بھی پانچ سال میں ایک مرتبہ عوام اور حکمران دونوں میں بے چینی کا پھیلنا نہایت ضروری ہوتا ہے، ورنہ پھر جمہوریت میں لطف ہی کیا باقی رہ جائے گا"۔(۸)

مجتبیٰ حسین نے اپنی تحریروں کا موضوع سیاست کے ساتھ ساتھ ادب کو بھی خوب بنایا ہے۔ دراصل آج کے ادبی معاشرے میں کئی طرح کی ناہمواریاں پائی جاتی ہیں۔ جو اصل ادیب ہیں، وہ گمنامی کی نذر ہیں اور نقلی ادیب، حقیقی ادیب بن بیٹھے ہیں۔ آج ادب کے کاروبار نے بھی کچھ عجیب وغریب چلن اختیار کرلیا ہے۔ ہر بونا قد اپنے آپ کو باون گز ثابت کرنے پر تلا ہوا ہے۔ ہر شخص ادب شناسی اور ادب فہمی کا دعویٰ کرتا ہوا نظر آتا ہے، بھلے ہی اسے ادب کا کچھ بھی شعور نہ ہو۔ اس ضمن میں مجتبیٰ حسین کے ایک دلچسپ مزاحیہ مضمون "ہم طرفدار ہیں غالب کے سخن فہم نہیں" کا یہ اقتباس ملاحظہ ہو۔

"ایک صاحب سے پوچھا گیا کہ قبلہ! ضروریات زندگی میں کون کون سی اشیاء شامل ہوتی ہیں؟ تو انھوں نے کہا۔ "کھانا، کپڑا، مکان، غالب اور دیوان غالب" صاف ظاہر ہے کہ یہ صاحب غالب کے طرفدار تھے اور اس حد تک طرفدار تھے کہ خود غالب کی ذات کو "دیوان غالب" سے جدا کرنے پر تلے ہوئے تھے۔ پھر ہم نے دیکھا کہ ان صاحب نے غالب سے اپنی طرفداری جتانے کے لئے "کلیات میر" پر بھی دیوان غالب کا ٹائٹل چڑھا رکھا ہے۔ اور محض ٹائٹل کے دھوکے میں میر کے کلام کو بھی غالب کا کلام سمجھتے ہیں اور اس سلسلے میں قطع کلام کرنے کا کوئی موقع عنایت نہیں کرتے۔ کیوں کہ ان صاحب کی نظر میں اردو شاعری نے صرف ایک ہی شاعر پیدا کیا ہے اور وہ ہے غالب۔ ان سے ایک بار پوچھا گیا کہ جناب والا! اردو کے تین بڑے شعراء کے نام تو بتلایئے۔ تو موصوف نے کہا تھا۔ "غالب، مرزا غالب، اور مرزا اسد اللہ خاں غالب" اس پر ہم نے فرض کرتے ہوئے کہ آگے ان کی دال نہ گلے گی۔ پوچھا کہ "اب لگے ہاتھوں چوتھے بڑے شاعر کا نام بھی

بتائیے تو کہنے لگے۔ نجم الدولہ، دبیر الملک مرزا اسد اللہ خاں بہادر نظام جنگ غالب"۔ (۹)

مجتبیٰ حسین نے چھوٹی چھوٹی عبارت میں بھی طنز و مزاح کے انتہائی دلچسپ نمونے پیش کئے ہیں۔ مثلاً:

"میں نے اردو شاعری کو سمجھے بغیر گلبرگہ میں ایک کل ہند مشاعرہ کا اہتمام کر ڈالا تھا"۔ (۱۰)

"شاعری سے ہمارا تعلق صرف اتنا تھا کہ ہم مشاعروں میں بڑے اہتمام کے ساتھ ہوٹنگ کیا کرتے تھے"۔(۱۱)

"ان سے ملنے تک میں صرف اپنے آپ کو ہی شریف آدمی سمجھا کرتا تھا"۔(۱۲)

"کھنہ صاحب وقت کے بڑے پابند ہیں حالاں کہ ہندوستان میں رہ کر وقت کی پابندی کرنا اپنے قیمتی وقت کو ضائع کرنے کے مترادف ہے"۔(۱۳)

"اگر کوئی شخص ان کا حلیہ بیان کرنے کی سنجیدگی سے کوشش کرے تو خود اس کا بھی حلیہ بگڑ جائے"۔(۱۴)

مجتبیٰ حسین کی تحریروں کے مطالعہ سے اندازہ ہوتا ہے کہ وہ سراپا طنز و مزاح تھے۔ نہ صرف ان کی تحریروں میں بلکہ ان کی حرکات و سکنات، گفتگو اور ہنسی یعنی ان کی ہر ہر ادا مزاح کی چاشنی سے لبریز تھی۔ یہاں تک کہ وہ کسی کو مبارکباد بھی دیتے تھے تو اس میں بھی مزاح کی بھرپور چاشنی ہوتی تھی۔ سلام مچھلی شہری کو پدم شری ایوارڈ ملنے پر انھوں نے کس دلچسپ ظریفانہ پیرائے میں مبارکباد دی ہے۔ ملاحظہ ہو:

"میں نے تو صرف آپ کو مبارکباد دینے کے لئے فون کیا تھا کہ دکھ درد میں دکھی آدمی کی ڈھارس بندھانا ہر شریف آدمی کا کام ہوتا ہے۔ لہذا میری مبارکباد قبول

کر لیجئے۔ جو ہونا تھا، ہو چکا اب ضبط کیجئے۔ خدا کے علاوہ حکومت کی بھی یہی مرضی تھی"۔ (۱۵)

مجتبیٰ حسین کی طنزیہ و مزاحیہ تحریروں میں جدت و ندرت، تازگی و شگفتگی، سنجیدگی و شائستگی، احساس دردمندی اور بصیرت و آگہی، یہ تمام خوبیاں موجود ہیں۔ اردو کے عظیم ناقد شمس الرحمن فاروقی نے طنز و مزاح نگاری میں مجتبیٰ حسین کے کمال کا اعتراف کرتے ہوئے لکھا ہے۔

"معاصر ظریفانہ ادیبوں میں دو ہی چار ایسے ہیں جنہوں نے طنز و مزاح کی ادبی حیثیت کو دوبارہ مستحکم کیا ہے۔ ایسے لوگوں میں مجتبیٰ حسین کا نام بہت نمایاں ہے۔ مشتاق احمد یوسفی ظاہر ہے اس گروہ کے سردار ہیں۔ کوئی اور اصطلاح میسر نہ ہونے پر میں ان لوگوں کو ادبی مزاح و طنز نگار کہتا ہوں۔ اس وجہ سے نہیں کہ مشتاق احمد یوسفی کی طرح مجتبیٰ حسین کے یہاں بھی اردو کے ادب عالیہ کی روایت کے کارناموں سے گہری واقفیت کا اظہار ہوا ہے، بلکہ اس وجہ سے کہ ان لوگوں نے طنز و مزاح کی اس روایت کو زندہ کیا ہے جس کا سلسلہ سودا اور میر سے لے کر پطرس بخاری تک پھیلا ہوا ہے"۔ (۱۶)

مشہور افسانہ نگار کرشن چندر نے مجتبیٰ حسین کے فن پر یوں اظہار خیال کیا ہے:

"مجتبیٰ حسین صحیح معنوں میں مزاح نگار ہیں۔ وہ ان مزاح نگاروں میں ہیں جو شائستہ اور نفیس ادب تخلیق کر سکتے ہیں۔ ان کے مزاح میں وہ تندی اور بے باکی نہیں جو طبیعت کو مکدر کر دیتی ہے، بلکہ وہ رچاؤ اور لطافت ہے جو پڑھنے والے کو کبھی زیر لب تبسم اور کبھی بلند آہنگ قہقہہ کی دعوت دیتی ہے۔ مزاح نگاری ایک مشکل فن ہے اور مجتبیٰ حسین ان مشکلات سے بہ خوبی واقف ہیں"۔ (۱۷)

مشفق خواجہ نے مجتبیٰ حسین کے فن کے حوالے سے اپنی دلچسپ رائے اس طرح

پیش کی ہے۔

"مجتبیٰ حسین خاصے "جہاں دیدہ" ہیں۔ انہوں نے محاور تا دنیا کو خوب اچھی طرح برتا ہے اور عملا دنیا کے کئی ملکوں کو دیکھا ہے۔ اس لیے ان کے تجربات و مشاہدات میں تنوع بھی ہے اور وسعت بھی۔ انہوں نے طنز کی گہرائی اپنے بڑے بھائی ابراہیم جلیس سے اور اسلوب کی چاشنی اپنے بڑے بھائی کے جگری دوست ابن انشاء سے لی ہے۔ مزاح میں وہ کسی کے مقلد نہیں۔ اس سلسلے میں ان کی طباعی اپنی مثال آپ ہے"۔(۱۸)

میرزا ادیب نے مجتبیٰ حسین کے فن کے نمایاں اوصاف کو اجاگر کرتے ہوئے لکھا ہے:

"مجتبیٰ حسین کے مزاح میں سنجیدگی ہے اور سنجیدگی میں مزاح۔ زندگی کے مسائل کی تفہیم میں وہ بڑے سنجیدہ ہیں مگر ان کا انداز پیش کش طنزیہ و مزاحیہ ہوتا ہے۔ ------- مجتبیٰ حسین نے ہمیں قہقہے دیئے ہیں، مسکراہٹیں دی ہیں۔ اس کے ساتھ ساتھ زندگی کی خوبصورتی اور بدصورتی سے بھی روشناس کرایا ہے اور یہ کوئی معمولی بات نہیں"۔(۱۹)

مذکورہ ادباء کے علاوہ انتظار حسین، نثار احمد فاروقی، مخمور سعیدی، آغا روحی، شمیم قیصر نصرتی، مظہر امام، پروفیسر سوزوکی تاکیشی، فکر تونسوی، یوسف ناظم، خشونت سنگھ، اختر حسن، پروفیسر مغنی تبسم، پروفیسر قمر رئیس، عمیق حنفی، پروفیسر شمیم حنفی، کنور مہندر سنگھ بیدی سحر، بھارت چند کھنہ، وجاہت علی سندیلوی، پروفیسر مظفر حنفی، مسیح انجم، پروانہ ردولوی، زبیر رضوی، علی باقر، نریندر ناتھ لوتھر، ڈاکٹر سید مصطفیٰ کمال، سید رحمت علی، جے پال نانگیا، حسن چشتی، ڈاکٹر انور سدید، ضمیر جعفری، ڈاکٹر اجمل نیازی اور اسد رضا وغیرہ نے بھی

مجتبیٰ حسین کے فن پر اپنے دلچسپ تاثرات پیش کئے ہیں اور ان کے فن کو سراہا ہے۔

مجتبیٰ حسین اردو کے ایسے طنز و مزاح نگار ہیں جنہوں نے اپنی غیر معمولی صلاحیتوں سے اردو طنز و مزاح کو ادب عالیہ کا درجہ عطا کیا ہے۔ ان کی طنزیہ و مزاحیہ تحریروں میں آمد کی کیفیت پائی جاتی ہے، کہیں بھی آورد کا احساس نہیں ہوتا۔ ان کے اسلوب میں بھی تکلف، تصنع اور تکبر کا ذرہ برابر دخل نہیں۔ انھوں نے مزاحیہ اسلوب کے تمام حربوں مثلاً حسن بیان، واقعہ نویسی، بذلہ سنجی، لطیفہ گوئی، لطیفہ سازی، تضاد و تناسب، صنائع و بدائع، تشبیہات و استعارات، رمز و کنایہ، عام فہم ضرب المثل، ادبی محاوروں، اشعار و مصرعوں، حاضر جوابی، حاضر دماغی اور فی البدیہہ طرز اظہار وغیرہ سے کام لیا ہے۔ اس کے علاوہ انھوں نے مبالغہ آمیزی، تحریف نگاری، رعایت لفظی، تکرار، مضحکہ خیز املا اور تلفظ کے ذریعے بھی مزاح پیدا کرنے کی کوشش کی ہے۔ مختصر یہ کہ مجتبیٰ حسین کی طنزیہ و مزاحیہ تحریروں میں طنزیہ و مزاحیہ ادب کی تمام خوبیاں موجود ہیں۔ یہی وجہ ہے کہ طنز و مزاح پر مبنی مجتبیٰ حسین کی تخلیقات کو طنزیہ و مزاحیہ ادب میں شاہکار کا درجہ حاصل ہے اور مجتبیٰ حسین کو اردو کا انتہائی اہم، منفرد و ممتاز اور بلند پایہ طنز و مزاح نگار تسلیم کیا جاتا ہے جنہوں نے اپنی شگفتہ، دلچسپ اور وقیع تحریروں سے اردو کے طنزیہ و مزاحیہ ادب میں خوشگوار اور حیرت انگیز اضافہ کیا اور اسے ثروت مند بنانے میں انتہائی اہم کردار ادا کیا۔ مجتبیٰ حسین نے اردو طنز و مزاح نگاری کے میدان میں جو کارنامے انجام دیئے ہیں، وہ اردو طنز و مزاح نگاری کی روایت کا روشن باب ہیں جن کے ذکر کے بغیر اردو طنز و مزاح نگاری کی تاریخ مکمل نہیں ہو سکتی۔

***

شفیقہ فرحت: پہلی مزاح نگار خاتون

ظفر الاسلام

شفیقہ فرحت کی پیدائش ۲۶/ اگست ۱۹۳۱ء کو ناگپور میں ہوئی۔ والد کا نام محمد رستم خان تھا جو انگریز سرکار میں پولس محکمہ میں سی۔ آئی۔ ڈی تھے۔ بعد میں برہان پور کے کوتوال ہو گئے۔ شفیقہ فرحت کی تعلیم ابتدا سے پانچویں کلاس تک ناگپور کے کانونٹ اسکول سینٹ جوزف میں ہوئی، جس کا شمار اس وقت کے سب سے معیاری اسکول میں ہوتا تھا۔ ان کا اپنا بیان ہے کہ "پانچویں جماعت تک پہنچتے پہنچتے فرافر انگلش بولنے لگی تھیں۔" ۱۹۴۷ء میں میٹرک کا امتحان پاس کیا۔ پھر ناگپور کے w۔c۔c کالج سے ۱۹۵۱ء میں بی۔ اے کیا۔ ان کا ارادہ پولیٹکل سائنس میں ایم اے کرنے کا تھا، لیکن والد کی مالی حالت بہتر نہ ہونے کی وجہ سے ۱۹۵۴ء میں ناگپور سے ڈپلومہ ان جرنلزم حاصل کیا۔

شفیقہ فرحت نے بی۔ اے کے زمانے سے لکھنا شروع کیا۔ ان کی پہلی تخلیق ۱۹۵۱ء میں کالج میگزین میں ڈرامہ نما انشائیہ کی صورت میں شائع ہوئی۔ جرنلزم میں ڈپلومہ مکمل کرنے کے بعد ناگپور سے نکلنے والے رسالے 'چاند' کی معاون مدیر رہیں۔ ۱۹۵۵ء میں والد کی مدد سے اپنا رسالہ "کرنیں" جاری کیا۔ اس کو عام طور سے بچوں کا رسالہ سمجھا جاتا ہے لیکن ان کی بہن پروفیسر شمیم علیم کے بقول:

"بعض لوگوں کو غلط فہمی ہے کہ یہ صرف بچوں کا رسالہ تھا، اس زمانہ کے تمام

مشہور ادیب مثلاً رضیہ سجاد ظہیر، راجہ مہدی علی خان، پرکاش پنڈت، سلام مچھلی شہری (ابن انشاء، نریش کمار شاد) وغیرہ کی تخلیقات اس رسالہ میں شائع ہوئی تھیں، اور ان سب ادیبوں کو ان کی تخلیقات کا معاوضہ دیا جاتا تھا۔[1]

'کرنیں' کو بہت پسند کیا گیا یہ ہر اعتبار سے اونچے معیار کا رسالہ تھا لیکن مالی اعتبار سے مار کھا گیا لہٰذا مجبوراً اسے بند کرنا پڑا۔ اس کے بند ہونے کے بعد شفیقہ فرحت نے ناگپور یونیورسٹی سے ۱۹۵۷ء میں اردو میں ایم۔اے کیا۔ جسے مکمل کرتے ہی مدھیہ پردیش بھوپال میں پبلک سروس کمیشن کے تحت ان کا سلیکشن ہو گیا، اور مہارانی لکشمی بائی گرلز کالج میں اردو کی لکچرار مقرر ہو گئیں۔ ۱۹۵۷ء میں شفیقہ فرحت بھوپال گئیں اور زندگی کے قیمتی پچاس برس انھوں نے وہیں گزارے۔ دوران ملازمت انھوں نے ناگپور یونیورسٹی سے ۱۹۶۲ء میں فارسی ایم۔اے کیا، اس کے بعد حمیدیہ کالج بھوپال میں اردو کی لکچرار اور صدر شعبہ اردو ہوئیں۔ کسی زمانے میں اسی کالج میں جاں نثار اختر کی اہلیہ اور مجازؔ کی بہن صفیہ اختر استاد رہ چکی تھیں۔ شفیقہ فرحت نے بھی بہت جلد حمیدیہ کالج میں اپنی ایک خاص شناخت اور مقبولیت حاصل کرلی۔ بھوپال میں قیام اور دورانِ ملازمت انھوں نے "نظیر اکبر آبادی ایک مطالعہ" (ہندی میں) کے عنوان سے تحقیقی مقالہ تحریر کیا جس پر جیواجی یونیورسٹی گوالیار نے انھیں ڈاکٹریٹ کی ڈگری عطا کی۔ ۱۹۹۱ء میں ملازمت سے سبک دوش ہوئیں۔

ناگپور کو خیر بعد کہنے کے بعد بھوپال میں ان کی خوب ترقی ہوئی۔ انجمن ترقی اردو مدھیہ پردیش کی جنرل سکریٹری، انجمن ترقی پسند مصنفین مدھیہ پردیش کی نائب صدر اور مدھیہ پردیش کی مجلس عام و مجلس عاملہ کی رکن رہیں۔ بھوپال میں خواتین کی ادبی اور سماجی انجمن 'دھنک' کی صدر رہیں۔ ورڈ رائٹرس اسوسی ایشن سے بھی وابستہ تھیں۔ اس

کے علاوہ آل انڈیا ویمنس کونسل کی نائب صدر اور تا عمر ممبر رہیں۔

بھوپال کی متوسط طبقے کی مسلمان خواتین کو آگے بڑھانے، ترقی پسندی کو عام کرنے اور روشن خیالی کو تحریک بنانے میں ان کو جو مقام حاصل ہے وہ کسی دوسری خاتون کو نہ مل سکا۔ اگرچہ نواب سلطان جہاں بیگم نے بیداری اور تعلیم کو عام کرنے کے لیے زبردست کوششیں کیں مگر ایک حکمراں عوامی اور زمینی سطح پر اس طرح مواصلت نہیں کر سکتی تھیں، جس طرح شفیقہ فرحت وابستہ ہوئیں۔ وہ ہر اس تحریک خیال اور عمل کا حصہ بنیں، جو جہالت تاریکی اور نابرابری کے اندھیروں کو دور کر سکے اور ہندوستان کی سالمیت کو مضبوطی فراہم کرے۔

شفیقہ فرحت ہمہ وقت دوسروں کی مدد کے لیے تیار رہا کرتی تھیں، بعض لوگوں کا خیال ہے کہ ان کی مالی حالت بہتر نہ تھی مگر ایسا نہیں تھا، دراصل وہ خود کے کھانے پینے، رہنے سہنے پر پیسہ نہ خرچ کر کے دوسروں کی مدد کر دیا کرتی تھیں۔ مثلاً کسی کو آٹے کی چکی فراہم کر دی، کسی لڑکی کی شادی میں جہیز دلوا دیا کسی صاحب کا گھر جل گیا تو اسے سنوارنے میں لگ گئیں۔ ملازمت سے سبکدوشی کے بعد بھی وہ مسلسل فلاحی اور سماجی کاموں میں مشغول رہیں۔ کوثر صدیقی لکھتے ہیں:

"ادب کے میدان کے باہر بھی انھوں نے قابل ذکر خدمات انجام دیں۔ سماجی خدمات کے میدان میں آپ ہمیشہ نابیناؤں کی مدد اور ان کے فلاحی کاموں میں پیش پیش رہیں۔ آپ مدھیہ پردیش کی نابیناؤں کی انجمن M۔P۔Blind Association کی صدر بھی رہیں۔ اور آپ نے بھوپال میں ایک بریل لائبریری (نابیناؤں کے طریقۂ نوشت وخواند کے رسم الخط کی لائبریری) بھی قائم کی، جس میں نابیناؤں کو پڑھنے لکھنے کی تربیت دی جاتی ہے۔"[۲]

شفیقہ فرحت نے عام خواتین قلم کاروں کی روش سے ہٹ کر طنز و مزاح اور ظرافت نگاری کو اپنی تحریر کا موضوع بنایا۔ اس فن میں وہ اس حد تک کامیاب ہوئیں کہ لوگوں کو اپنی فکر تبدیل کرنی پڑی۔ اس سلسلے میں ہاجرہ مسرور رقم طراز ہیں کہ۔ "میں نے فون پر آپ سے کہا تھا کہ طنز و مزاح نگاری خواتین کو زیب نہیں دیتی مگر اب آپ کی کتاب پڑھ کر اپنے الفاظ واپس لیتی ہوں، اور یہ محسوس کرتی ہوں کہ اب بھی آپ کو وہ مقام نہیں ملا جس کی آپ بجا طور پر مستحق ہیں۔"[۳۳]

اس میں کوئی شق نہیں کہ شفیقہ فرحت ہندوستان کی پہلی مزاح نگار خاتون تھیں۔ ان کی تحریروں میں طنز و مزاح کا بہترین امتزاج دیکھنے کو ملتا ہے۔ اپنے پہلے مجموعے "لو آج ہم بھی" کے ذریعے ہی انھوں نے اس میدان میں قدم بڑھایا۔ یہ مجموعہ مدھیہ پردیش اردو اکیڈمی کے زیر اثر ۱۹۸۱ء میں شائع ہوا۔ اس میں کل ۱۵ مضامین شامل ہیں۔ میری روم میٹ، تماشائے اہل کرم دیکھتے ہیں، ذرا دھوم سے نکلے اور 'حضرت آلو' اس کے بہترین نمونے ہیں۔ 'حضرت آلو' میں آلو کی مختلف خوبیوں سے قاری کو مزاحیہ انداز میں روبرو کرایا گیا ہے۔ گویا وہ کہتی ہیں کہ آلو خدا کی ایسی نعمت ہے جس تک امیر و غریب، گدا و فقیر سب کی رسائی ہے۔ امید کے تمام دروازے بند ہونے کے بعد لوگوں کو بے چارہ آلو ہی یاد آتا ہے۔ اس کے علاوہ شفیقہ فرحت نے آلو کی مختلف خصوصیات کو بھی تفصیل سے بیان کیا ہے۔ اس مضمون کو انھوں نے لندن کی کسی تقریب میں پڑھا تھا، جسے مشتاق احمد یوسفی نے بہت پسند کیا تھا۔ 'حضرت آلو' سے اقتباس ملاحظہ ہو:

"جب بے موسم کی بارش اور موسم کے اولوں کی طرح مہمان آپ کو ایصال ثواب کا موقع عطا کرتے ہوئے عذاب بن کر نازل ہو جائیں اور فرار کے سارے راستے مسدود اور بازار کی ساری دُکانیں بند ہو جائیں۔۔۔ اس وقت یہی آلو اپنی بے رنگی سے آپ کے

دستر خوان میں رنگ اور مہمانوں کے دل میں ترنگ بھر دے گا۔"

"ویسے آلویات کے صحیح اور اصل مراکز ہوٹل اور ہوسٹل ہوا کرتے ہیں۔۔۔ماہر آلویات اپنی آلو شناسی کے ایسے ایسے نمونے پیش کریں گے کہ ہر کھانے والا بہ رقت وقت یہ شعر پڑھتا ہوا ڈائیننگ ہال سے نکلے گا۔"

ہال میں پھر آلو نے ایک شور اٹھایا ظالم
آہ جو برتن اٹھایا اس میں آلو نکلا

"ان مقامات آہ و فگاں میں بشرط استواری ہر دن و ہر رات کا مینو آلو ہی ہوتا ہے۔، یعنی آلو پراٹھا۔ آلو پلاؤ۔ آلو چلاؤ۔ آلو گوبھی۔ آلو مٹر۔ آلو ٹماٹر۔ آلو بیگن۔ آلو سیم۔ آلو گوشت۔ آلو مچھلی۔ آلو مرغ۔ یا پھر آلو آلو۔ مثلاً آلو دم۔ آلو رائیتہ۔ آلو حلوہ۔ آلو کھیر۔ وغیرہ۔ وغیرہ۔ وغیرہ۔"[۴۹]

طنز و مزاح اور انشائیہ کے فن سے شفیقہ فرحت خوب واقف ہیں۔ زبان کی سلاست و روانگی کے علاوہ الفاظ کی الٹ پھیر اور اشعار میں حرف کی تبدیلی سے ایسا مزاح پیدا کرتی ہیں کہ قاری ہنسنے پر مجبور ہو جاتا ہے۔ زندگی کے چھوٹے چھوٹے مسائل پر بھی ان کی اچھی گرفت ہے۔ انھوں نے جن مسائل کو اپنے طنز کا موضوع بنایا ہے وہ ہماری زندگی سے کافی قریب نظر آتے ہیں۔ "میری روم میٹ" اس کی عمدہ مثال ہے۔ یہ بیانیہ طرز کا مزاحیہ مضمون ہے جس میں روم میٹ کی زبانی کہانی بیان کی گئی ہے۔ روم میٹ اپنی ساتھی سے اس قدر پریشان ہے کہ۔ شب معراج جب لوگ جہنم سے رہائی کے لیے گناہوں سے توبہ کرتے ہیں، وہ اپنی روم میٹ سے نجات کی دعا کر رہی ہے۔ روم میٹ ایک ایسی افسانہ نگار ہے جس کا آج تک کوئی افسانہ شائع نہیں ہوا، بلکہ ہمیشہ رسالے سے واپس کر دیا جاتا ہے۔ افسانہ نگار صاحبہ ہیں کہ ان کو ہمہ وقت نئے نئے افسانوں کے پلاٹ

وحی کی صورت میں نازل ہوتے رہتے ہیں۔ اقتباس دیکھیں:

"ابھی صبح کے صرف آٹھ بجے ہیں۔ میں بستر میں دبکی اپنے ادھورے خواب پورے کرنے کی آس میں آنکھیں بند کیے سونے کی کوشش کر رہی ہوں کہ آواز آتی ہے۔

"ارے بھئی سننا ذرا۔۔۔ وہ غضب کا پلاٹ سوجھا ہے۔" پھر وہ اپنا بیچارہ خواب تو گیا جہنم میں، ان کا غضب کا پلاٹ غضب ڈھانے لگتا ہے۔"

"رات کے دس بجے ہم نے بڑی کوشش سے اپنے دل و دماغ کو پالٹکس پڑھنے پر مجبور کیا۔ ابھی ایک ہی پیراگراف پڑھا تھا کہ آپ کے دماغ میں پھر پلاٹ کی وحی نازل ہونے لگتی ہے پھر کہاں کی پالٹکس اور کہاں کی اکنومکس۔!"۵

"ذرا دھوم سے نکلے" ایک ایسا مزاحیہ مضمون ہے جس میں مرزا غالب کو موضوع بنایا گیا ہے۔ آج جب کہ ملک کے ہر شہر میں غالب کمیٹیاں بنی ہوئی ہیں اور غالب کا جشن منایا جا رہا ہے۔ شفیقہ فرحت نے غالب کو یاد کرنے کے کچھ نئے زاویے تلاش کئے ہیں۔ وہ کہتی ہیں غالب کے پسندیدہ فعل کو اپنایا جائے تاکہ ان سے محبت کا صحیح معنی میں حق ادا کیا جاسکے۔ اقتباس:

"فلم مرزا غالب شہر شہر، گلی گلی گھر گھر مفت دکھائی جائے اور ایک سے زیادہ بار دیکھنے والوں کے لیے خاطر خواہ انعام بھی مقرر کیا جائے۔"

"آم غالب کو بے حد پسند تھے۔ اس لیے آموں کا ایک باغ "غالب باغ" کے نام سے لگوایا جائے اور تخمی آموں کی کسی خاص قسم کا نام بھی 'غالب' آم رکھا جائے اور آموں کے موسم میں عقیدت مند باغ میں جائیں جشن آم منائیں۔"٦

شفیقہ فرحت کا دوسرا طنزیہ و مزاحیہ مجموعہ "رانگ نمبر" ۱۹۸۶ء میں نئی آواز، مکتبہ

جامعہ نئی دہلی کے زیر اہتمام شائع ہوا۔ اس پر ماہنامہ "نقش کولن" بمبئی ماہ جون ر ۱۹۸۷ء میں یوسف ناظم نے تبصرہ کیا ہے تھا۔ شفیقہ فرحت کے انشائیوں کا تیسرا مجموعہ "گول مال" کو بھی مکتبہ جامعہ نئی دہلی نے 'نئی آواز' اشاعتی پروگرام کے تحت ۱۹۸۸ء میں شائع کیا۔ اس کی اشاعت کے تقریباً دس سال بعد انور سدید کا مختصر تبصرہ "شگوفہ" حیدرآباد میں شائع ہوا۔ ان کی دیگر مطبوعہ تصانیف کے نام درج ذیل ہیں۔ "رانگ نمبر" طنزیہ و مزاحیہ مضامین ۱۹۸۶ء، "گول مال" طنزیہ و مزاحیہ کہانیاں ۱۹۸۸ء، "چوں چوں بیگم" طنزیہ و مزاحیہ کہانیاں بچوں کے لیے، ۱۹۸۸ء، "تیڑھا قلم" طنزیہ و مزاحیہ مضامین، ۲۰۰۳ء، "نیم چڑھے" طنزیہ و مزاحیہ مضامین، ۲۰۰۴ء، "چہرے جانے انجانے" شخصیات کے خاکے ۲۰۰۶ء۔

کوثر صدیقی کی اطلاع کے مطابق ان کی غیر مطبوعہ تخلیقات کے نام یہ ہیں۔ "بچوں کے نظیر اکبر آبادی"، "چہرے جانے انجانے" (حصہ دوم، دھنک کے ہزار رنگ) "چہرے جانے انجانے" (حصہ سوم، ان سے ملیے میرے ساتھ)، "نئی دیوار چین" (سفر نامہ)، "سات سمندر پار" (سفر نامہ)، "بے اجالا شہر" (بھوپال گیس المیہ پر ناول) "پتھر گلی کی کالی کجلی سیپ" (نثری نظموں کا مجموعہ)۔[۷] شفیقہ فرحت کی تخلیقی صلاحیتوں کا اندازہ مشہور مزاح نگار مجتبیٰ حسین کے اس بیان سے بھی ہوتا ہے:

"اردو کی واحد خاتون ہیں جنھوں نے طنز و مزاح کو بطور صنف سخن اپنایا اور اس کے ساتھ پورا پورا انصاف کیا برسوں سے لکھ رہی ہیں۔ انھیں سب جانتے پہچانتے ہیں۔ ان کے بارے میں میری رائے کیا اہمیت رکھتی ہے۔"[۸]

یہ حقیقت ہے کہ شفیقہ فرحت نے اردو ادب اور طنز و مزاح کی جو آبیاری کی اس کی پزیرائی ملکی پیمانے پر نہیں ہوئی جن کی وہ مستحق تھیں۔ مشاہیر بھوپال پر شائع شدہ

تصانیف کے علاوہ باقی اہم ناقدین نے ان کے فن پر گفتگو نہیں کی ہے۔ ڈاکٹر قمر رئیس نے اپنی کتاب "اردو ادب میں طنز و مزاح کی روایت اور ہمعصر رجحانات" میں بھی شفیقہ فرحت کو یکسر نظر انداز کیا ہے۔ اس تصنیف میں نہ شفیقہ فرحت کا ذکر ہے اور نہ ہی ان کے فن یا تصانیف پر کوئی گفتگو کی گئی ہے۔ یہ کتاب ۱۹۸۶ء میں شائع ہوئی جبکہ شفیقہ فرحت کی پہلی تصنیف "لو آج ہم بھی" ۱۹۸۱ء میں منظر عام پر آچکی تھی، اور شفیقہ فرحت ۱۹۵۱ء سے مسلسل اردو کے پرچوں اور ادبی رسالوں میں لکھ رہی تھیں۔ نامی انصاری کی تصنیف "آزادی کے بعد اردو نثر میں طنز و مزاح" (۱۹۹۷ء) میں بھی ان پر کوئی خامہ فرسائی نہیں کی گئی ہے۔ حالانکہ اس زمانے تک شفیقہ فرحت کی چار تصانیف شائع ہو چکی تھیں۔ ڈاکٹر ثروت خان نے "اردو ادب میں طنز و مزاح کی روایت" کے موضوع پر منعقد سمینار میں "اردو کے تانیثی ادب میں طنز و مزاح کے عناصر" کے عنوان سے مقالہ پیش کیا اس میں وہ لکھتی ہیں:

"اردو زبان و ادب کے میدان میں جہاں ایک طرف فرحت اللہ بیگ، پطرس بخاری، رشید احمد صدیقی، سجاد حیدر یلدرم سے لیکر مشتاق احمد یوسفی اور مجتبیٰ حسین تک متعدد طنز و مزاحیہ نگار ہوئے، تانیثی ادب میں ایسے شاہکار ڈھونڈے نہیں ملتے۔"[9]

جب کہ آگے اسی مضمون میں انھوں نے شفیقہ فرحت کے تینوں مجموعے "لو آج ہم بھی، رانگ نمبر اور گول مال کے منظر عام پر آنے کا ذکر کیا ہے۔ ڈاکٹر ثروت خان اگر شفیقہ فرحت کی تصانیف اور ان کے مضامین کا گہرائی سے مطالعہ کرتیں تو ان کی تحریری صلاحیتوں کا اعتراف ضرور کرتیں، اور وہ خواتین کے لیے "ڈھونڈھے نہیں ملتے" کا لفظ شاید استعمال نہ کرتیں۔

مردوں کی بنائی اس دنیا میں جہاں شادی کے بغیر عورت کو شک کی نظر سے دیکھا

جاتا ہے۔ شفیقہ فرحت نے پوری زندگی تنہا بسر کی، اور دکھلایا کہ عورت تنہا بھی زندگی گزار سکتی ہے۔ ایسا نہیں ہے کہ ان کے لیے رشتوں کی کمی تھی۔ پنجاب کے ایک مشہور شاعر اس امید میں بھوپال معہ بوریے بستر کے آگئے کہ شاید نظر کرم ہو جائے، لیکن شفیقہ فرحت شادی کے بندھن میں قید ہو کر کسی کے تابع زندگی گزارنے کے لیے خود کو تیار نہ کر سکیں۔ اقبال مسعود ان کی شادی سے متعلق واقعے کا ذکر اس طرح کرتے ہیں:

"پاکستان کے شہرہ آفاق محقق مشفق خواجہ جب بھوپال تشریف لائے تو انھوں نے شفیقہ فرحت سے ایک انٹرویو لیا تھا۔۔۔ جب مشفق خواجہ نے شادی کے بارے میں سوال کیا اور کہا کہ اب کیا ارادہ ہے اور اس وقت وہ پچاسویں موسم بہار سے گزر رہی تھیں تو انھوں نے تپاک سے کہا کہ

میں محبت کی نگاہوں کو سمجھ سکتی ہوں

میرے معیار کے قابل کوئی پیغام تو دے

اور اگر آج کوئی مل جائے تو سبحان اللہ۔ ان کا جواب جو ہنسی کے پس پردہ ایک آنسو کی طرح چمک رہا تھا زندگی بھر ان کی آنکھوں کو نمناک کرتا رہا۔ "۱۰

شفیقہ فرحت کو سیر و تفریح اور ملک و بیرون ملک کی سیاحت کرنا بہت پسند تھا۔ ہندوستان کے تمام مضافات کے علاوہ کئی بین الاقوامی کانفرنسوں میں انھوں نے شرکت کی۔ یوروپ، امریکہ، چین، جاپان اور پاکستان کے علاوہ انھوں نے متعدد ملکوں کا سفر کیا۔ ان میں سے کچھ ملکوں کے سفر نامے انھوں نے تحریر کیے ہیں ان ہی میں سے "سفر نامۂ چین" بھی ہے۔ بقول پروفیسر عذرا جمال۔ "یہ سفر نامہ ڈائری کے انداز میں ہے۔ چین کا یہ سفر International Women Confrerance میں خواتین کی ادبی و ثقافتی انجمن "دھنک" کی نمائندگی کے طور پر کیا گیا تھا۔ "۱۱

ان کی آخری تخلیق 'چہرے جانے انجانے' کی رسم رونمائی سابق صدر جمہوریۂ ہند ڈاکٹر عبد الکلام کے ہاتھوں ہوئی۔ رسم اجرا سے چند روز قبل وہ فریکچر سے دوچار ہو گئیں، تب بھی ہمت نہیں ہاری اور ایمبولنس میں اسٹریچر پر راج بھون پہنچ گئیں، اس طرح راج بھون میں ڈاکٹر عبد الکلام نے ان کی کتاب کے رسم رونمائی کو انجام دیا، اس تقریب کی تصویر اخباروں میں شائع ہوئیں۔

شفیقہ فرحت نے ۷۷ برس کی زندگی پائی۔ ان کی بہن لکھتی ہیں۔ "۲۰۰۰ء تک آپا بالکل صحت مند تھیں لیکن اس کے بعد سے ان کی صحت خراب رہنے لگی اور وہ بھی ان کی اپنی غفلت اور لاپرواہی کی وجہ سے، نہ کبھی ڈاکٹر سے رجوع ہوئیں اور نہ کبھی کوئی دوا پیتیں۔" ۱۲؍۶؍ نومبر ۲۰۰۷ء کو وہ گھر میں گر گئیں اور ان کی کولہے کی ہڈی ٹوٹ گئی۔ اس کے بعد وہ کبھی صحت یاب نہ ہو سکیں، بالآخر ۶؍ جنوری ۲۰۰۸ء کو بھوپال میں ان کا انتقال ہو گیا۔ شفیقہ فرحت کی ادبی خدمات کے صلے میں اب تک جو تحریریں منظر عام پر آئی ہیں، وہ مندرجہ ذیل ہیں:

"بچوں کی شفیقہ فرحت" پروفیسر انیس سلطانہ؛ مکتبہ پیام تعلیم جامعہ نگر دہلی ۱۹۹۶۔

"شفیقہ فرحت" مشمولہ: اردو نثر کے طنزیہ و مزاحیہ ادب میں بھوپال کا حصہ، رشیدہ بیگم، ۲۰۰۲۔

"شفیقہ فرحت فن اور شخصیت" نجیب رامش، مشمولہ؛ "نیم چڑھے" ۲۰۰۴۔

ماہنامہ 'شاعر' ممبئ، گوشہ شفیقہ فرحت؛ اکتوبر ۲۰۰۵۔

"ہندوستان کی پہلی ظرافت نگار خاتون: شفیقہ فرحت" ہماری زبان، انجمن ترقی اردو (ہند) نئی دہلی، یکم تا ۷ مارچ ۲۰۰۸۔

ماہنامہ 'شگوفہ' حیدرآباد، بیاد شفیقہ فرحت؛ اکتوبر ۲۰۰۸۔

"وہ ایک خوشبو جو کھو گئی ہے"(خاکہ) اقبال مسعود، سہ ماہی رسالہ' نئی کتاب' جنوری تامارچ ۲۰۱۱۔

"آہ ڈاکٹر شفیقہ فرحت صاحبہ "مشمولہ؛ کیالوگ تھے، رام پرکاش کپور، ۲۰۱۲۔

"ڈاکٹر شفیقہ فرحت" مشمولہ؛ تذکرہ شخصیات بھوپال، شگفتہ فرحت، ۲۰۱۴۔

شفیقہ فرحت فن اور شخصیت، مقالہ برائے ایم۔اے، مہرالنساء عارف دیوی اہلیا یونیورسٹی اندور۔

***

قہقہوں کے سفیر: بابائے ظرافت سید ضمیر جعفری

عامر اشرف

آج بر صغیر سمیت پوری دنیا میں اردو کے بے مثل ادیب اور شاعر سید ضمیر جعفری کا یومِ وفات ہے۔ طنز و مزاح میں اکبر آلہ آبادی کے بعد جن شعرا کو مقبولیت حاصل ہوئی اُن میں سید ضمیر جعفری کا نام نمایاں ہے۔ اس میں کوئی دو رائے نہیں ہے کہ آپ کی تخلیق کچھ الگ اور منفرد ہے اور یہی وجہ ہے کہ طرزِ ادائیگی اور طرزِ احساس کے اعتبار سے بھی وہ دیگر شعرا سے ممتاز رہے۔

آپ نے ادب کی ہر صنف میں نام کمایا اور آپ مزاحیہ شاعری، نثر اور خاکہ نگاری کے ساتھ سنجیدہ غزل میں بھی الگ مقام رکھتے ہیں۔ اہم بات یہ ہے کہ ان تمام شعبوں میں آپ کا کام سطحی نوعیت کا نہیں ہے آپ نے جو کچھ لکھا وہ منفرد ہونے کے ساتھ ضمیر کی آواز بھی ہے۔

بیرون ملک ایک مشاعرے میں ضمیر جعفری کو میزبان نے بابائے ظرافت کہا تو آپ نے اس موقع پر ہنستے ہوئے فرمایا کہ 'عمر کا تعلق سن و سال سے نہیں، بڑھاپا تو ارادے سے آتا ہے اور میرا بوڑھا ہونے کا کوئی ارادہ نہیں' اور اس موقع پر یہ اشعار کہے:

جوانی سے عجب رشتہ رہا ہے
بڑھاپا آگے آگے جا رہا ہے

ربط ہے تازہ، ہر ایک منظر کے ساتھ
میں بڑھاپے کو نہ آنے دوں گا کلینڈر کے ساتھ

ضمیر جعفری کہتے تھے 'ہم شاعر لوگ توپوں کے آدمی نہیں پھولوں کے آدمی ہیں، ہم قہقہوں کے سفیر ہیں'۔

ایک مرتبہ یومِ اقبال کی تقریب میں آپ نے فرمایا 'حضرت اقبال کا شاہین کب کا اُڑ چکا ہے، اب اپنا کوئی مقامی جانور پیدا کرو'۔ اور موقع کی مناسبت اور اقبال شناسی کے فقدان کے ضمن میں کہا جو خاصا مشہور ہے کہ:

بپا ہم سال میں اک مجلس اقبال کرتے ہیں
پھر اُس کے بعد جو کرتے ہیں وہ قوال کرتے ہیں

ضمیر جعفری کا تعلق مزاح نگاری کی اُس نسل سے ہے جس میں مجید لاہوری، سید محمد جعفری، راجہ مہدی علی خان خان، شوکت تھانوی، نذیر احمد شیخ، مرزا محمود سرحدی، دلاور فگار بھی اہم تھے۔ بلاشبہ یہ شاعری اور بالخصوص مزاح کے عروج کا عہد تھا۔ ان شعرا کی ایک خاص بات یہ تھی کہ ایک دوسرے کی تعریف میں بخل سے کام نہیں لیتے تھے اور انہیں زبردست خراجِ عقیدت پیش کرتے تھے۔

ضمیر جعفری کے بارے میں کہا یہ جاتا ہے کہ وہ کسی کی حوصلہ افزائی اور تعریف سے بالکل نہیں ہچکچاتے تھے۔ وہ دلاور فگار کی بہت تعریف کیا کرتے تھے۔ یہ دور مزاح کے ساتھ رکھ رکھاؤ اور اپنے ہم عصروں کے احترام اور ان کے کام کو سہرانے کی ایک روشن روایت کا دور تھا۔ ضمیر جعفری نے ہمیں بتایا کہ مزاحیہ شاعری محض فقرے بازی، پھبتی، لطیفہ سازی کا نام نہیں ہے بلکہ یہ کچھ الگ چیز ہے۔ انہوں نے مزاح کے تصور کو تبدیل کیا اور پھکڑپن اور لغویات کے بجائے طنز کی گہرائی لے کر آئے۔ آپ کا

مزاح، برجستگی، سادگی، شائستگی اور شگفتگی کا مرقع ہے۔

شیخ نذیر نے سید ضمیر جعفری کا 'حدیث دوست' کے عنوان سے کیا خوب منظوم تعارف کیا ہے۔

خاندانی سیّدوں کی آل ہیں میجر ضمیر
آپ اپنے وقت کے ملا نصیر الدین ہیں
شعر خوانی میں ترنم کا عجب انداز ہے
آپ کے طرفہ سُخن پر ہر سخن کا خاتمہ
ان سے جو مخصوص ہے اس طرز فن کا خاتمہ
اور اپنی شاعری کا کوئی مطلب ہو نہ ہو
شاعران شوخ گو اب رہ گئے ہیں صرف دو
نیک ہیں، خوش بخت ہیں خوشحال ہیں میجر ضمیر
شعر شکر آفریں، چٹکلے نمکین ہیں
لے میں کافی نغمگی ہے گونجتی آواز ہے
آپ پڑھ لیں تو سمجھ لو انجمن کا خاتمہ
دل پسند اشعار کی ٹکسال ہیں میجر ضمیر
من ترا حاجی بگویم تو مرا ملاّ بگو

سید ضمیر جعفری کا اصل نام ضمیر حسین شاہ جبکہ ضمیر ان کا تخلص تھا۔ آپ یکم جنوری ۱۹۱۶ء کو ضلع جہلم کے چھوٹے سے گاؤں چک عبد الخالق میں سید حیدر شاہ کے گھر میں پیدا ہوئے۔ آپ کے نانا سلطان العارفین حضرت پیر سید محمد شاہ پوٹھوہار اور آزاد کشمیر کے مقبول صوفی اور پنجابی کے یگانہ روزگار شاعر تھے، والدہ کا نام سیدہ سردار بیگم تھا

اور اہلیہ کا نام جہاں آرا تھا۔ بھائیوں کے نام اکبر اور سید بشیر حسین شاہ تھے۔ یہ ذکر بھی کرتا چلوں کہ لڑکپن میں آپ کی ہونے والی پہلی شادی ۲، ۴ ماہ ہی چل پائی تھی۔ اس کے بعد گجرات میں اردو کے ممتاز شاعر، سید عابد علی عابد کے عزیزوں میں ان کی دوسری شادی ہوئی تھی لیکن یہ بھی زیادہ عرصے نہیں چل پائی۔ پھر ۱۹۴۵ء میں تیسری شادی ہوئی جس سے ۲ بیٹے سید احتشام ضمیر جعفری (لیفٹیننٹ جنرل) اور سید امتنان ضمیر جعفری ہیں۔

امتنان ضمیر متعدد کتب کے مصنف اور سابق کرکٹر ہیں جبکہ وہ امریکا میں مقیم رہے اور دوسرے بیٹے سید احتشام ضمیر جنہوں نے پاک فوج میں متعدد اہم عہدوں پر فرائض انجام دیے، ان کا مئی ۲۰۰۵ء میں انتقال ہو گیا تھا۔ پاک فوج سے ریٹائرمنٹ کے بعد احتشام ضمیر نے روزنامہ جنگ میں 'متاع ضمیر' کے عنوان سے کالم بھی لکھے۔ ڈی ڈبلیو کے مطابق انہوں نے آئی ایس آئی میں رہتے ہوئے اپنے بعض کاموں پر شرمندگی کا اظہار کیا تھا اور کہا تھا کہ 'وہ ۲۰۰۲ء کے انتخابات میں پرویز مشرف کے حکم پر بڑے پیمانے پر دھاندلی میں ملوث ہوئے۔ تاکہ حکمران سیاسی جماعت مسلم لیگ (ق) کی کامیابی کو ممکن بنایا جاسکے'۔ لیکن پھر بعد میں اس خبر کی تردید کی تھی اور کہا تھا کہ 'کورسپانڈنٹ کے ساتھ ہونے والی میری ذاتی گفتگو کو جس سنسنی خیز طریقے سے شائع کیا گیا ہے وہ صحیح نہیں ہے اور سیاق و سباق سے باہر ہے'۔

بی بی سی اردو سروس سے ایک انٹرویو میں احتشام ضمیر نے کہا تھا کہ 'فوج کا خفیہ ادارہ 'پولیٹیکل مینجمنٹ' کرتا ہے اور یہ کرنے کا اسے قانونی اختیار حاصل ہے'۔

احتشام ضمیر نے اپنے والدین سے متعلق ایک بار لکھا تھا کہ 'ایک بار ہم ماں بیٹے ان کی روزمرہ کی نوک جھونک کو یاد کر رہے تھے، والد صاحب کی ڈائریوں میں تانک جھانک

کرتے ہوئے جون کے مہینے پر نظر پڑی اور وہیں پڑی رہ گئی۔ انہوں نے اپنی شادی کی سالگرہ کا ذکر کیا تھا جو وہ ہمیشہ جون میں باقاعدگی سے مناتے تھے۔ ڈائری میں خاص طور پر جب والد صاحب نے یہ شعر لکھا تھا کہ:

میری بیوی قبر میں لیٹی ہے جس ہنگام سے
وہ بھی ہے آرام سے اور ہم بھی ہیں آرام سے

اس پر ہماری والدہ ٦ ماہ تک والد صاحب سے ناراض رہیں اور بول چال بند رہی۔ والدہ مجھ سے کہہ رہی تھیں کہ یاد رکھو میاں بیوی میں فرق ہوتا ہے میاں بیوی کے بغیر بے شک رہ سکتا ہے لیکن بیوی، میاں کے بغیر کبھی نہیں رہ سکتی۔ میں نے والد کی ان کے لیے محبت کے بہت سے قصے سنائے تاکہ اس آنے والی سالگرہ پر ان سے گفتگو بند نہ کریں خاص طور سے والد کا قول کہ 'جو خاوند بیگم کا کہنا مانتا ہے، وہ نہ تو کوئی برا کام کر سکتا ہے اور نہ ہی کوئی بڑا کام کر سکتا ہے'۔

علم وادب کے حوالے سے کافی شہرت رکھنے والے خاندان کے سپوت ضمیر جعفری نے گورنمنٹ کالج کیمبل پور جس کو اب گورنمنٹ کالج اٹک کہا جاتا ہے، سے میٹرک سپلی کے ساتھ کیا اور پھر انٹر کرنے کے بعد اسلامیہ کالج لاہور چلے گئے۔ ١٩٣٨ء میں بی اے کی سند حاصل کی۔ شاعری تو آپ اسکول کے زمانے سے ہی کر رہے تھے، اور اسکول کی بزم ادب میں بھی فعال و متحرک رہے۔

پنجاب یونیورسٹی کے طلبہ کے ایک شعری مقابلے میں اپنی ایک نظم پر جسٹس سر شیخ عبدالقادر کے ہاتھوں پہلا ادبی اعزاز طلائی تمغہ حاصل کیا۔ وسیلہ معاش میں قیام پاکستان سے قبل دفتروں کی نوکری کرتے رہے۔ آپ 'احسان' لاہور اور مولانا چراغ حسن حسرت کے فکاہی ہفت روزہ 'شیرازہ' لاہور، روزنامہ 'بادشمال'، راولپنڈی، سہ ماہی

اردو پنچ راولپنڈی، سہ ماہی 'ادبیات'، اسلام آباد ہفت روزہ 'سدا بہار' لاہور، کی مجلسِ ادارت سے بھی وابستہ رہے۔

آپ ہفت روزہ ہلال، ماہانہ اردو ڈائجسٹ، ہفت روزہ زندگی، روزنامہ جنگ، روزنامہ نوائے وقت، روزنامہ مشرق، روزنامہ خبریں، روزنامہ جسارت، روزنامہ پاکستان میں بھی لکھتے رہے۔

پروفیسر صفورا شاہد جن کا تعلق لاہور سے ہے، انہوں نے 'سید ضمیر جعفری کی سنجیدہ شاعری کا تحقیقی اور تنقیدی جائزہ' ایم فِل کے مقالے کی صورت میں لکھا۔ جو ۳۰۰ سے زائد صفحات پر محیط کتابی صورت میں بھی شائع ہو چکا ہے۔

سید ضمیر جعفری کی مطبوعہ تصنیفات کی تعداد تقریباً ۶۰ ہے۔ ان کی ڈائریوں کا سلسلہ ۶ کتابوں پر مُحیط ہے اور کالموں کے مجموعے اس کے علاوہ ہیں۔ آپ کی شاعری کے سرمایے میں مسدس بدحالی، قریۂ جاں، مافی الضمیر، ولایتی زعفران، ضمیریا، بھنور بادبان، کھلیان، کنر شیر خاں، میرے پیار کی سرزمین، ارمغان نعمت، ارمغان ضمیر، ضمیر ظرافت سرگوشیاں، نعت نذرانہ شامل ہیں۔ نثری کتب میں کتابی چہرے، اڑاتے خاکے، کالے گورے سپاہی، جنگ کے رنگ، ہندوستان میں دو سال، آنریری خسرو، ضمیر حاضر ضمیر غائب، شاہی حج، سفیر لکیر، کنگرو دیس میں، پہچان کا لمحہ، جدائی کا موسم اہم ہیں۔

ضمیر جعفری دوسری عالمی جنگ کے آس پاس برطانوی فوج میں بھرتی ہوئے اور ان کی تعیناتی جنوب مشرقی کمان میں بہ حیثیت کپتان ہوئی۔ وہ شعبہ تعلقات عامہ سے وابستہ تھے جس میں کرنل فیض احمد فیض، میجر چراغ حسن حسرت، مجید ملک، کیپٹن ن م راشد، میجر آغا بابر، کرنل مسعود احمد اور کرنل حسن عسکری ابن سعید جیسے ممتاز اہلِ قلم شامل تھے۔

ان کے انتقال کے بعد ۲۰۰۲ء میں ایک خصوصی شمارہ 'بیاد ضمیر جعفری' کے عنوان سے ان کے احباب نے شائع کیا جس کے مطابق آپ نے ۱۹۴۹ء میں فوج سے استعفی دے دیا تھا جس کے بعد ۱۹۴۹ء میں کرنل مسعود احمد اور کیپٹن انعام قاضی کی شراکت میں راولپنڈی سے روزنامہ 'بادشمال' جاری کیا جو ایک برس سے زیادہ جاری نہ رہ سکا۔ ۱۹۵۱ء میں جہلم کے دیہاتی حلقے سے آزاد امیدوار کی حیثیت سے پنجاب اسمبلی کا انتخاب لڑا لیکن ہار گئے۔

۱۹۵۲ء میں فوج میں دوبارہ واپسی ہوئی اور اس کے بعد میجر بھی بنے۔ آپ نے ۱۹۴۸ء میں جنگ کشمیر اور ۱۹۶۵ء کی جنگ ستمبر میں عسکری خدمت انجام دیں۔ ۱۵ برس تک دارالحکومت کے ترقیاتی ادارے کے شعبہ تعلقات عامہ، نیشنل سینٹر کے ڈپٹی ڈائریکٹر، وزارت بحالیاتِ افغان مہاجرین میں مشیر اور اکادمی ادبیات پاکستان سے وابستہ رہے۔ سید ضمیر جعفری کا شمار اسلام آباد کی پہلی اینٹ رکھنے والوں میں ہوتا ہے۔ آپ کے لکھے کئی نغمے آج بھی کانوں میں رس گھولتے ہیں۔ جن میں مسرت نذیر کا ۱۹۸۸ء میں گایا ہوا مشہور زمانہ نغمہ 'میرا لونگ گواچا' بھی شامل ہے۔

مندرجہ ذیل اشعار میں انہوں نے کیا کمال کیا ہے کہ آدمی دیر تک سوچتا اور جھومتا ہی رہ جائے۔

ہنس مگر ہنسنے سے پہلے سوچ لے
یہ نہ ہو پھر عمر بھر رونا پڑے
درد میں لذت بہت اشکوں میں رعنائی بہت
اے غم ہستی ہمیں دنیا پسند آئی بہت
یہ کس بازار میں بکنے کی خاطر آ گیا ہوں میں

جو ہر قیمت پہ گویا اپنی قیمت پا گیا ہوں میں

ضمیر جعفری نے زندگی اصولوں اور ضمیر کے ساتھ بسر کی۔ آپ نے کشمیر میں بھارتی حکومت کے مظالم اور قبضے کے باعث بطور احتجاج بھارت جا کر ادبی ایوارڈ مع خطیر رقم لینے سے منع کر دیا تھا۔

ضمیر جعفری کا لکھا ملک کے چاروں صوبوں کے نصاب میں بھی شامل ہے۔ ذیل میں دی گئی نظم بھی کراچی کے ٹرانسپورٹ کے نظام کا حال بیان کرتی ہے جو نصاب میں بھی شامل رہی ہے۔

کراچی کی بس میں سفر ہو رہا ہے
نہیں ہو رہا ہے مگر ہو رہا ہے
جو دامن تھا، دامن بدر ہو رہا ہے
کمر بند گردن کے سر ہو رہا ہے
سفینہ جو زیر و زبر ہو رہا ہے
اِدھر کا مسافر اُدھر ہو رہا ہے
کراچی کی بس میں سفر ہو رہا ہے

ضمیر جعفری انور مسعود کا بہت احترام کرتے تھے اور کہتے تھے، مزاحیہ شاعری کے چراغ کو روشن کرنے میں انور مسعود بہت اہم ہیں اور ایک صدی ہمارے ساتھ کے شعرا کی رہی اور اب ایک صدی انور مسعود کی ہے۔

میں نے ضمیر جعفری کے حوالے سے خوش کُن اور مزاح سے لبریز، مختلف زبانوں پر مہارت رکھنے والے، بنَیں لَین جاندے ہو بنَیں لے کے آندے ہو، کے خالق انور مسعود سے رابطہ کیا تو آپ نے اپنے مخصوص انداز میں فرمایا کہ 'آرمی نے بہت بڑے

بڑے مزاح نگار پیدا کیے، نثر میں شفیق الرحمٰن، کرنل محمد خان ہیں، لیکن مزاحیہ شاعری میں سب سے بڑا نام ضمیر جعفری صاحب کا نام ہے۔ اُن کے یہاں عجیب طرح کا جو پنجاب کا میوزک ہے وہ سنائی دیتا ہے۔ ان کے مضامین بھی بہت کمال کے اور اچھے تھے'۔

ان کا دروازہ تھا مجھ سے بھی سوا مشتاق دید

میں نے باہر کھولنا چاہا تو وہ اندر کھلا

پھر دیکھیے،

پن کھلا ٹائی کھلی بکلس کھلا کالر کھلا

کھلتے کھلتے ڈیڑھ گھنٹے میں کہیں افسر کھلا

آٹھ دس کی آنکھ پھوٹی آٹھ دس کا سر کھلا

لو خطیب شہر کی تقریر کا جوہر کھلا

'اُن کے ساتھ ملک اور بیرون ملک سفر کیا۔ ان سے بہت کچھ سیکھا اور بنیادی بات یہ ہے کہ انہیں انسان کی عزت اور عظمت بہت ملحوظ رہتی تھی'۔

آخر میں انور مسعود صاحب نے موقع ہاتھ سے جانے نہ دیا اور کہا 'آپ کا عامر 'ع' سے یا 'آ' سے ؟ میں نے ہنستے ہوئے کہا 'ع' سے۔ انہوں نے کہا 'پھر ٹھیک ہے'۔ میں نے دہرایا 'ٹھیک ہے ناں ؟' تو آپ نے برجستہ ہنستے ہوئے کہا 'ویری ٹھیک'۔

عطاالحق قاسمی نے 'آئی لو یو سید ضمیر جعفری' کے عنوان میں ایک واقعہ راولاکوٹ میں ایک تقریب کے پس منظر میں لکھا تھا کہ 'کشمیر اور پاکستان سے عشق کرنے والے اس شاعر کی عمر بڑے بڑے پہاڑ سر کرتے اور مشکلات کی سختی چٹکلوں سے دور کرتے گزری۔ میں نے شاعروں میں اگر کوئی سچا صوفی دیکھا ہے تو وہ سید ضمیر جعفری ہی تھے'۔

محقق، ماہرِ لسانیات، نقاد، معلم اور مدیر ڈاکٹر فرمان فتح پوری جو جامعہ کراچی کے

شعبہ اردو کے سربراہ اور اردو لغت بورڈ کے مدیر اعلیٰ بھی رہے، انہوں نے ضمیر جعفری کی شاعری کے حوالے سے لکھا تھا کہ 'ضمیر جعفری اپنی شاعری میں لفاظی یا لفظوں کی بازی گری سے ظرافت کو جنم نہیں دیتے بلکہ ان کی کوشش ہوتی ہے کہ کسی واقعے یا صورتحال کے کمزور پہلو کا ندرتِ خیال کی مدد سے ایسا خاکہ کھینچا جائے کہ وہ قاری یا سامع کے حق میں خوشگوار بن جائے۔ انہیں اپنی اس کوشش میں اکثر دفعہ کامیابی ہوئی ہے البتہ کہیں کہیں انہوں نے الفاظ کی مدد سے بھی مزاح کا پہلو پیدا کیا ہے مثلاً ان اشعار میں:

گرد نے ملتان تک اس طرح گردانا مجھے
میری بیوی نے بڑی مشکل سے پہچانا مجھے

اور

ایسی قسمت کہاں ضمیر اپنی
آ کے پیچھے سے 'تا' کرے کوئی

ان شعروں میں گرد اور گردانا کی صوتی ہم آہنگی اور 'تا' کے لفظ کے اندر چھپی ہوئی معصومیت و شرارت مضحک بن گئی ہے۔ لیکن جیسا کہ اوپر ذکر کیا گیا ہے بحیثیت مجموعی ضمیر جعفری کی شاعری الفاظ کی شعبدہ گری سے نہیں، خیالات کی جادوگری سے لطف و انبساط کا سامان فراہم کرتی ہے۔ مثلاً پہلی غزل کے اگلے دو اشعار پر نظر ڈالیے،

فلسفے کا ادراک بخشا ہے تو اے مولائے کُل
اپنے گھر والوں پہ کچھ آسان فرمانا مجھے
مد و جزر زندگانی کی بدولت آ گیا
ہر قدم پر دو قدم پیچھے سرک جانا مجھے

یا مزاحیہ غزلوں کے اشعار:

وہ سب کو تھوڑا تھوڑا شربتِ دیدار دیتے ہیں
مگر مصروف ہیں، اتوار کے اتوار دیتے ہیں

اور

شوق سے لختِ جگر نورِ نظر پیدا کرو
ظالمو! تھوڑی سی گندم بھی مگر پیدا کرو

ضمیر جعفری کے یہاں خیال افروز ظرافت اور ظرافت آمیز خیال کی کامیاب صورتیں ان کی مختصر مزاحیہ غزلوں یا فردیات سے زیادہ، ان کی نظموں میں نظر آتی ہیں۔ اس نوع کی نظموں میں پرانی موٹر، عورتوں کی اسمبلی، سفر ہو رہا ہے، شوق کی بند، کل شب تنہائی میں، عید کا میلہ اور ایرانی بہو کا خیر مقدم خصوصیت سے قابل ذکر ہیں۔

سید ضمیر جعفری کے طنز کو ملاحظہ کریں تو معلوم ہوتا ہے کہ طنز میں بھی شگفتگی کا عنصر غالب ہے۔

نظر کی عیب جوئی دل کی ویرانی نہیں جاتی
یہ دو صدیوں کی عادت ہے بہ آسانی نہیں جاتی
جہاں تک کثرت اولاد نے پہنچا دیا اس کو
وہاں تک بندہ پرور نسل انسانی نہیں جاتی

سید ضمیر جعفری ڈائری لکھنے کا کام بھی مستقل مزاجی کے ساتھ کیا کرتے تھے اور اس میں بھی اُن کی شگفتہ نگاری کے کیا کہنے تھے۔ ڈائری کے پس منظر کے ضمن آپ لکھتے ہیں کہ 'میں ۱۹۴۳ء سے تقریباً روزانہ ڈائری لکھ رہا ہوں، مجھے معلوم نہیں میرے دماغ میں یہ کیڑا کیوں پیدا ہوا اور میں حیران ہوں کہ مجھ جیسا 'چست' ۵۰، ۵۵ برس سے اس

کی پرورش کرتا رہا'۔ آپ کی ڈائری کے کچھ نمونے پیش خدمت ہیں جو خود ایک تاریخ ہیں۔ ملاحظہ کریں۔

نئے سال کے پس منظر میں آپ نے لکھا کہ 'ایک برس او جھل تو ہوا۔ مگر ایک افق طلوع بھی ہوا۔ زندگی بہر حال ایک نعمت ہے۔ اللہ تعالیٰ سال نو کو دنیا بھر کے انسانوں کے لیے خیر و برکت کا موجب بنائے۔ خدا کرے کہ خود ہمارے ملک کے دلدر بھی دور ہو سکیں چلو کچھ کم ہی ہو جائیں۔ کل صدر مملکت کا انتخاب ہو رہا ہے۔ ہمیں تو اس میں بھی روشنی کی کرن دکھائی نہیں دیتی۔ جنرل ایوب خان نے اس جنگ کے لیے 'بنیادی جمہوریت' کے محدود اور مضبوط 'مورچے' بنا لیے ہیں۔

'محترمہ فاطمہ جناح کی جمہوریت کی 'لالٹین' آمریت کی زبردست آندھیوں کے سامنے ہے۔ تحریک پاکستان کے ہر اول دستوں کے قائدین میں سے صرف خواجہ ناظم الدین اپنے چند رفقا سمیت قائد اعظم کی بہن کے ساتھ رہ گئے ہیں۔ ان میں سے بھی خواجہ صاحب کو موت نے مہلت نہ دی۔ غنیمت ہے کہ پنجاب میں ممتاز محمد خان دولتانہ نے رسمِ وفا نبھائی تو ورنہ بازی یہاں بھی الٹ چکی ہے۔ افسوس اپنی جگہ مگر حیرت بھی نہیں ہونی چاہیے۔ لوگ ہمیشہ دولت اور طاقت کی طرف جاتے ہیں۔ چڑھتے سورج کی پرستش ہمیشہ سے ہوتی آئی ہے اور جنرل ایوب خان کا سورج تو بہت چڑھا ہوا ہے۔ ملک میں کشیدگی کا یہ حال ہے کہ جیسے بارود کے کسی ڈھیر میں آگ لگ رہی ہو'۔

اسی طرح وہ لکھتے ہیں کہ 'کراچی بظاہر نارمل ہو گیا مگر بھیتر بھیتر آگ ابھی سلگ رہی ہے۔ گورنر نے ایک تحقیقاتی کمیشن بٹھا رکھا ہے جواب اٹھتے اٹھتے ہی اُٹھے گا۔ کمیشن جو چاہے کہے۔ اصل بات یہ ہے کہ ملک درمند ہے۔ روزنامہ ڈان کے ایک اداریے کے مطابق تو کراچی کے بعض علاقوں میں خون خرابے کی وہی قیامت نظر آئی جو ۱۹۴۷ء کے

فسادات میں مشرقی پنجاب میں برپا ہوئی تھی۔ اللہ اکبر! مسلمان ہی مسلمان کو قتل کرنے لگے۔ بھائی کے ہاتھوں بھائی کا خون بہنے لگا۔ یہ تصور کس قدر دل خراش ہے۔ ہمارے سر بار ندامت سے کیونکر اٹھ سکتے ہیں'۔

کٹھن ہونے کو ہے جو شوق کا ہر مرحلہ صاحب
ذرا سوچیں کہ لاحق کیا ہے ہم کو عارضہ صاحب

اسی طرح اپنی غزلوں کا ایک مجموعہ مرتب کرنے کے پس منظر میں لکھا کہ 'انتخاب میں اشعار کو گاجر مولی کی طرح کاٹتا چلا گیا۔ ابھی یہ انتخاب کرنل محمد خان کے ہاتھوں سے بھی گزرے گا۔ جو 'تیغ و کفن' کے ساتھ لیس بیٹھے ہیں۔ 'تیغ' اپنی کرنیلی کے لیے اور کفن 'میری'، 'میجری' کے لیے۔ شعور و نظر کا سفر بھی عجیب ہے۔ وہی اشعار جن پر مشاعروں میں چھتیں اڑتی تھیں، اب اپنی نظر میں جچ نہیں رہے۔ یوں مسعود (ضمیر جعفری کے دوست کرنل مسعود احمد) کا کہنا ہے کہ جن اشعار کو تم حذف کر رہے ہو، یہ دراصل تمہارے ان ہم عمر قارئین کے لیے تھے جن کو تم اب بہت پیچھے چھوڑ آئے۔ مگر وہ تمہارا پیچھا نہیں چھوڑیں گے۔ زندگی اور عورت کی طرح مجھے مسعود کی بھی پوری بات کبھی سمجھ میں نہیں آئی۔ اگرچہ میں اس کی دانائی کا بھی بہت قائل ہوں۔ 'جشن فطرت' کے لیے جنرل امراؤ خان نے اپنے پیغام کے ساتھ ۱۰۰ روپے کا عطیہ بھیجا ہے۔ پیغام اتنا عمدہ ہے کہ ہر ایک لفظ ۱۰۰، ۱۰۰ روپے کا'۔

انگریزی زبان کے مشہور شاعر اور نقاد ٹی ایس ایلیٹ کی موت پر لکھا کہ 'ایلیٹ مر گیا۔ عظیم شاعر، عظیم نقاد۔ ایک عہد اس کے ساتھ ختم ہو گیا مگر ایک نیا عہد وہ دے بھی گیا'۔

سید ضمیر جعفری ڈائری لکھنے کا کام بھی مستقل مزاجی کے ساتھ کیا کرتے تھے

پاکستان میں ٹیلی وژن کی آمد کے موقع پر لکھا کہ 'ملک میں ٹیلی وژن قائم ہو گیا۔ یہ سرکاری ادارہ ہے۔ 'میڈیا' کو تو ہماری سرکار مٹھی ہی میں رکھے گی۔ اسلم اظہر ڈائریکٹر مقرر ہوئے ہیں۔ ان کے بلاوے پر آج دن کو لاہور پہنچا۔ گلبرگ میں اے ڈی اظہر صاحب ہی کے 'برگساں' میں ٹھہرا اور شام کو ٹیلی وژن کے مشاعرے میں شرکت کی۔ اے ڈی اظہار صدر مشاعرہ تھے۔ شعرا میں احسان دانش، احمد ندیم قاسمی، ناصر کاظمی، قتیل شفائی، منیر نیازی اور کلیم عثمانی شامل تھے۔ شعرا کو 'واسکٹیں' اسلم اظہر نے اپنے 'ملبوس خانے' میں سے دیں۔ 'ٹیلی وژن' پر میرا یہ پہلا مشاعرہ ہے۔ دل اس خوشی سے 'کھٹک' رہا ہے'۔

۱۹۶۵ء کے سال کے آخری دن پر ڈائری کے آخری صفحے پر لکھا کہ 'کل نئے سال کا سورج طلوع ہو گا۔ آج شام ۱۹۶۵ء کا سورج ہمیشہ کے لیے ڈوب گیا۔ جانے والا سال ہمارے ملک کے لیے ایک مہیب آزمائش کا سال تھا۔ ہمیں اس برس میں اپنی تاریخ کی پہلی اتنی بھرپور اور شدید جنگ لڑنا پڑی جس میں آزادی تک داؤ پر لگ گئی۔ یہ جنگ اگرچہ ۱۷ دن جاری رہی مگر اس بے حد خونریز جنگ کے اثرات ۱۷ برس تک دونوں ملکوں پر سایہ کناں رہیں گے۔ ابھی ہم اس سانحے کے اس قدر قریب ہیں کہ دونوں ملک اپنے 'گھاؤ' کا اندازہ نہیں کر سکتے۔ مگر پاکستان کو اس قیمت پر اپنا تشخص مل گیا'۔

آپ کے اعزازات میں ہمایوں گولڈ میڈل بدست شیخ سر عبدالقادر ۱۹۳۶ء، تمغہ قائد اعظم ۱۹۶۷ء اور صدارتی تمغہ برائے حسن کارکردگی ۱۹۸۵ء شامل ہیں۔

ممبر بورڈ آف ریونیو پنجاب ریٹائرڈ سید حسن رضا جعفری کے مطابق آخری دنوں میں آپ جب پاکستان آئے تو امریکا جانے سے قبل آپ کے اعزاز میں اسلام آباد میں ان سے محبت کرنے والے اور عقیدت رکھنے والوں نے ایک الوداعی محفل کا اہتمام کیا جس

میں جعفری صاحب نے الوداعی نظم پڑھی اور اتنے درد کے ساتھ پڑھی کہ خود کے آنسو بھی رواں رہے اور محبت کرنے والے کو بھی مغموم کر دیا۔ اس موقع پر وطن سے محبت کا اظہار کرتے کہا کہ:

چُپکے چُپکے اس نگر میں گھومنے آؤں گا میں
گُل تو گُل ہیں، پتھروں کو چومنے آؤں گا میں

۱۹۹۹ء کے آغاز سے ہی ضمیر جعفری بیمار رہنے لگے تھے جس کے بعد ۱۲ مئی ۱۹۹۹ء کو نیویارک میں وفات پا گئے اور کھنیارہ شریف، بچہ مندرہ راولپنڈی کے قریب سید محمد شاہ بخاری کے پہلو میں آسودہ خاک ہوئے۔

***

ابن صفی بحیثیت طنز و مزاح نگار

راشد اشرف

ابن صفی کے فن کمال کی کئی جہتیں ہیں۔ ان میں سے ایک نہایت قوی جہت ان کی طنز و مزاح نگاری ہے۔ بات آگے بڑھانے سے قبل یہاں یہ ذکر ضرور ہو گیا ہے کہ اردو ادب میں نصف صدی سے بھی اوپر کا عرصہ گزر جانے کے بعد احیاء ابن صفی موجود صدی کی اول دہائی کے آخر میں دیکھنے میں آیا۔ معروف ادیب و براڈکاسٹر جناب رضا علی عابدی نے راقم الحروف کے نام ایک حالیہ مکتوب میں کیا عمدہ بات کہی کہ "غنیمت ہے کہ بعد میں، قدرے تاخیر سے اہل ادب کی آنکھ کھلی اور خیال آیا کہ جس شخص کے گزر جانے سے ادب کے دامن میں سوراخ ہو گیا ہے اس کے بارے میں آنے والی نسلیں پوچھیں گی تو کیا جواب دیں گے۔"

ادھر ہندوستان میں مقیم ڈاکٹر مناظر عاشق ہر گانوی نے ابن صفی کو دریافت کا بیڑہ اٹھایا ہے۔ وہ اپنی تازہ کتاب (جنوری ۲۰۱۳) 'ابن صفی کے جاسوسی ناولوں میں طنز و مزاح" میں رقم طراز ہیں: "میں نے ابن صفی کے جاسوسی ناولوں سے ایک پہلو تراش کر طنز و مزاح میں بھی ان کی ذہانت ، فطانت اور چبھن کو اجاگر کرنے کی کوشش کی ہے۔"۔۔۔ لگتا ہے اردو ادب کے بڑے لوگوں کو ابن صفی کی اہمیت کا اندازہ ہو چلا ہے۔

کہا جاتا ہے کہ مزاح لکھنے کے لیے انسان کو اول تا آخر مزاح نگار ہی ہونا چاہیے۔ یہ

کلیہ ابن صفی کے معاملے میں سچ ثابت نہ ہوا۔ اگر زیر نظر مضمون کا عنوان وہ نہ ہوتا جو ہے بلکہ ابن صفی بحیثیت شاعر، جاسوسی ناول نگار یا نثر نگار کے عنوانات کے تحت مضامین احاطہ تحریر میں لائے جاتے، تب بھی لاکھوں کے محبوب مصنف، اس بے مثال ادیب کی تحریروں میں موجود حوالاجات کی مدد سے انہیں مکمل کرنا ذرا بھی مشکل نہ ہوتا۔ اس کی بنیادی وجہ یہ ہے کہ ابن صفی کی نثر میں ادبی چاشنی کے ساتھ ساتھ مزاح کا عنصر کچھ اس طرح گندھ کر رہ گیا ہے کہ پڑھنے والوں کو ان کے ناولوں میں بیک وقت ایک اعلی پائے کی عمدہ نثر کے ساتھ ساتھ بہترین مزاح بھی پڑھنے کو ملتا ہے، یہی وجہ ہے کہ ایک بار جس نے ابن صفی کو پڑھ لیا، عمر بھر ان کا گرویدہ ہی رہا۔

طنز و مزاح کے باہمی فرق کی وضاحت کرتے ہوئے وزیر آغا لکھتے ہیں:

"طنز، زندگی اور ماحول سے برہمی کا نتیجہ ہے اور اس میں غالب عنصر نشتریت کا ہوتا ہے۔ طنز نگار جس چیز پر ہنستا ہے اس سے نفرت کرتا ہے اور اسے تبدیل کرنے کا خواہاں ہوتا ہے۔ اس کے برعکس مزاح، زندگی اور ماحول سے انس اور مفاہمت کی پیداوار ہے۔ مزاح نگار جس چیز پر ہنستا ہے، اس سے محبت کرتا ہے اور اسے اپنے سینے سے چمٹا لینا چاہتا ہے۔ طنز نگار توڑتا ہے اور توڑنے کے دوران ایک فاتحانہ قہقہہ لگاتا ہے چنانچہ طنز میں جذبہ افتخار کسی نہ کسی صورت میں ضرور موجود ہوتا ہے۔ دوسری طرف مزاح نگار اپنی ہنسی سے ٹوٹے ہوئے تار کو جوڑتا ہے اور پیار سے ناہمواریوں کو تھپکنے لگتا ہے۔ چنانچہ مزاح میں غالب عنصر ہمدردی کا ہوتا ہے۔"[۱]

ابن صفی کی تمام تحریریں، ان کے تمام ناول، مذکورہ بالا تعریف پر ہر لحاظ سے پورے اترتے ہیں۔ ایسا کہنا کیونکر ضروری سمجھا گیا ہے، اس کی چند مثالیں آگے بیان کی جائیں گی۔

اوسلو یونیورسٹی ناروے میں اردو کے استاد اور ابن صفی کے معتقد پروفیسر فین تھیسن کہتے ہیں:

"اگر ہم اُن کا موازنہ اگاتھا کرسٹی سے کریں تو ابن صفی کی کتابوں میں دو اہم پہلو ایسے ہیں جو اگاتھا کرسٹی میں نہیں ہیں۔ ایک تو طنز و مزاح، میں سمجھتا ہوں کہ ان کی کامیابی کی وجہ یہ ہے کہ ایک تو ان کی زبان رواں ہے، دوسری بات یہ کہ انہوں نے ایسا کارنامہ انجام دیا جو شاید کسی اور نے انجام نہیں دیا، وہ یہ ہے کہ انہوں نے مزاح اور سسپنس کو یکجا کیا۔ ایسا ہوتا ہے کہ اگر لوگ مزاح لکھتے ہیں تو اس میں سسپنس نہیں ہوتا یعنی سسپنس اور مزاح کا ایک ساتھ ہونا میں نے کسی میں نہیں دیکھا۔ عموماً مزاح لکھتے وقت سسپنس ختم ہوجاتا ہے کیونکہ ہم یہ سمجھنے لگتے ہیں کہ یہ مذاق ہی مذاق ہے، جبکہ ابن صفی کے ہاں یہ دونوں ساتھ ہیں۔ یہ میں نے کسی اور میں نہیں دیکھا۔"[۲]

حوصلے، استقلال اور خوش فکری کی قوتوں کو پامال کر دینے والی باتوں کی موجودگی میں ابن صفی کا اپنی تخلیقات میں خوش مزاجی، اور طنز و مزاح کا بے مثال عنصر برقرار رکھنا بجائے خود ان کی ذہنی برتری اور مافوق الفطرت فضیلت کا ایک اہم ثبوت ہے۔ جاسوسی ناول نگاری کے بنیادی اصولوں کی پاسداری کرتے ۲۴۵ ناولوں کی ایک ایک سطر کا لطافت و شگفتگی سے مالا مال رہنا ابن صفی کا دلنواز و دل فریب کارنامہ ہے جس نے انہیں طنز و مزاح نگاروں کی صف میں لا کھڑا کیا ہے۔ اس کی صحیح قدر و منزلت وہی لوگ کر سکتے ہیں جو ذوق سلیم کے ساتھ ساتھ کشادہ دلی کی دولت سے بھی مالا مال ہیں۔ یہاں ان نقادوں کی بات نہیں ہے جو علم و انشاء کے زندگی بخش رموز و نکات سے بے بہرہ او رکورے ہیں۔

ابن صفی نے متفرق مضامین کے مجموعے ڈپلومیٹ مرغ کے پیشرس میں لکھا تھا:

"طنز و مزاح میرا فن نہیں بلکہ کمزوری ہے۔ کمزوری اس لیے کہ میں صاحب اقتدار نہیں ہوں۔ صاحب اقتدار و اختیار ہوتا تو میرے ہاتھ میں قلم کے بجائے ڈنڈا نظر آتا اور میں طنز کرنے یا مذاق اڑانے کے بجائے ہڈیاں توڑتا دکھائی دیتا۔ الحمد اللہ کہ میری یہ کمزوری قوم کی عافیت بن گئی اور قوم بلا سے واہ واہ نہ کرے، اسے ہائے ہائے تو نہیں کرنی پڑے گی۔"

بہت عرصہ قبل ابن صفی کے دوست شاہد منصور ابن صفی کو بحیثیت ایک طنز نگار دیکھتے اور اس پر تبصرہ کرتے ہوئے اس خواہش کا اظہار کیا تھا:

" سراغ نگار نے طنز نگار کو نگل لیا۔ مگر وہ اسے فنا نہیں کر سکا۔ اب بھی طنز نگار، سراغ کے دل میں نشتر کی طرح کھٹکتا رہتا ہے۔ کاش کوئی ابن صفی کے ناولوں سے طنز کے یہ اچھوتے ٹکڑے جمع کر سکے تو ہو سکتا ہے کہ طنز میں ایک نئے دور کا آغاز ہو جائے۔" (الف لیلہ ڈائجسٹ، کراچی۔ جولائی ۱۹۷۲)

جناب شاہد منصور کی خواہش کے احترام میں متذکرہ اوصاف سے بھرپور، ابن صفی کے ناولوں سے چند اقتباسات پیش خدمت ہیں:

ماہنامہ "کمر لچکدار" جس کی دھوم سارے مُلک میں تھی!۔۔۔۔۔۔وہ ادب اور ثقافت کا علم بردار تھا۔ ادب کا علم برداریوں تھا کہ اس میں فلم ایکٹرسوں کی کمزوریاں اچھالی جاتی تھیں اور ثقافت کا علم بردار اس لیے کہا جاسکتا تھا کہ سرِ ورق پر کسی لنگوٹی بند امریکن چھپکلی کی تصویر ہوتی تھی۔ (لڑکیوں کا جزیرہ۔ عمران سیریز نمبر ۱۰۔ اشاعت: ۱۵ جولائی ۱۹۵۶)

*

"اگر وہ مفلس آدمی ہوتے تو بھی میں اُن سے اسی طرح محبت کرتی کیونکہ ان کی

روح تو مفلسی میں بھی اتنی ہی عظیم ہوتی"۔

"یہ عظیم روح کیا چیز ہے؟ میں نے عظیم الدین سنا ہے، عظیم اللہ سنا ہے مرزا عظیم بیگ چغتائی مرحوم سنا ہے لیکن یہ عظیم روح۔۔۔۔۔" (آہنی دروازہ۔ عمران سیریز ۱۴۔ اشاعت: ۲۵ نومبر ۱۹۵۶)

*

جب دو عورتیں بیک وقت تمہیں دلچسپ سمجھنے لگیں تو تم کسی بوڑھی عورت کو تلاش کرو جو اُن کے پیار کی تصدیق کر سکے۔ (الفانسے۔ عمران سیریز نمبر ۱۷۔ اشاعت: ۲۸ فروری ۱۹۵۷)

*

عورتیں عموماً ہنسنے ہنسانے پر جان دیتی ہیں اور احمقوں سے تو انھیں بڑی دلچسپی ہوتی ہے، بشرطیکہ وہ اُن کے شوہر نہ ہوں۔(حماقت کا جال۔ عمران سیریز نمبر ۲۰۔ اشاعت: ۱۵ جون ۱۹۵۷)

*

شہنشاہیت میں تو صرف ایک نالائق سے دوچار ہونا پڑتا ہے لیکن جمہوریت میں نالائقوں کی پوری ٹیم وبال جان بن جاتی ہے۔ (بھیانک جزیرہ۔ جاسوسی دنیا نمبر ۱۷۔ اشاعت: جون ۱۹۵۳)

"صبح ناشتے میں نفسیات، دوپہر کے کھانے میں نفسیات، رات کے کھانے میں نفسیات، اونگھتے میں نفسیات، چھینکنے میں نفسیات"۔

"اوہو تو کیا تمہارے ملک میں اس مضمون سے بہت زیادہ دلچسپی لی جا رہی ہے"۔

"افسانوں سے لے کر گورکنی کے پیشے تک میں گھسی ہوئی ہے! گورکن قبر کھودتے

کھودتے سوچ میں گم ہو جاتا ہے کہ آخر عورتوں نے اس پیشے کو کیوں نہیں اپنایا__ سمجھ میں نہیں آتا تو قبر ادھوری چھوڑ کر یونیورسٹی کی راہ لیتا ہے۔

"یونیورسٹی!"

"ہاں! یونیورسٹی۔ اور وہاں سے فرائڈ فرائڈ کا نعرہ لگاتا ہوا واپس آتا ہے اور پہلے سے بھی زیادہ تندہی سے گورکنی میں مصروف ہو جاتا ہے"۔

(خونی ریشے۔ جاسوسی دنیا نمبر ۱۰۶۔ اشاعت: ۳۰ ستمبر ۱۹۶۹)

*

ابن صفی اپنے جاسوسی ناولوں میں دور حاضر کے ادبی مسائل کو بھی موضوع تحریر بنایا کرتے تھے۔ اردو زبان و ادب کی مختلف اصناف میں وقوع پذیر ہونے والے واقعات کو موضوع بناتے ہوئے اپنے مخصوص انداز میں چوٹ کرنا ان کی تحریر کا وصف تھا۔ باتوں باتوں میں اپنے کرداروں کے ذریعے وہ ایسے جملے لکھ جاتے تھے کہ ان کا قاری فوری طور اس میں چھپا لطیف طنز سمجھ جاتا تھا۔ ابن صفی بنیادی طور پر فنون لطیفہ سے مکمل آگاہی رکھنے والے شخص تھے۔ بحیثیت ایک جاسوسی ناول نگار، ان کی تحریروں میں ایک بات واضح طور پر سامنے آتی تھی اور وہ تھی ان کی شعر و ادب کے بدلتے ہوئے رجحانات سے مکمل آگاہی۔ رہین ستم ہائے روزگار رہے لیکن ادبی دنیا کے خیال سے ناواقف نہیں تھے۔ زیادہ تر فقرے وہ اپنے لازوال کردار علی عمران کی زبان سے کہلوایا کرتے تھے۔ ایسی چند مثالیں پیش خدمت ہیں:

"ہمارے ہاں تو کتابوں کو ترازو میں تول کر سال کی بہترین کتابیں منتخب کی جاتی ہیں اور ان پر انعامات دیئے جاتے ہیں۔ عموماً سب سے زیادہ ضخیم کتاب کا مصنف انعام پاتا ہے۔ اگر کوئی اللہ کا بندہ اعتراض کر بیٹھے تو کہہ دیا جاتا ہے۔ اماں اتنی موٹی کتاب لکھ دی

ہے، بے چارے نے، کہیں نہ کہیں تو کوئی قابلِ انعام بات قلم سے نکل ہی گئی ہو گی۔
(بلی چیختی ہے۔ عمران سیریز نمبر ۴۳۔ اشاعت: ۳۱ مارچ ۱۹۶۴)

*

یار پتہ نہیں کیوں ایسا معلوم ہوتا ہے جیسے تم سب کسی ایک ہی استاد سے غزل کہلوا لاتے ہو___ مشاعروں میں سنتا ہوں___ رسالوں میں پڑھتا ہوں___ سبھوں کا ایک ہی رنگ نظر آتا ہے۔ خدا بھلا کرے فیضؔ صاحب کا کہ انھوں نے اپنے بعد پھر کوئی اور اوریجنل شاعر پیدا ہی نہ ہونے دیا___ صرف دو تین اس بھیڑ سے الگ معلوم ہوتے ہیں۔ جیسے جمیل الدین عالی۔۔۔۔۔اور جعفر طاہر وغیرہ۔۔۔۔۔ آگے رہے نام اللہ کا___!

" اچھا___! شاعر صاحب نے جھلا کر کہا" سردار جعفری کے متعلق کیا خیال ہے"۔

"پتھر توڑتے ہیں___"

"واہ___واہ___سبحان اللہ۔۔۔۔۔ جواب نہیں ہے اس تنقید کا۔ (ڈیڑھ متوالے۔ عمران سیریز نمبر ۴۲۔ اشاعت: ۱۲ نومبر ۱۹۶۳)

*

"میلارمے [۳] ہی کو تو پڑھ پڑھ کر اس حال کو پہنچا ہوں۔۔۔۔۔!اردو میں میرا جی سے ملاقات ہوئی تھی"۔

"میرا جی تو آج تک میری سمجھ میں نہیں آیا"۔

"عورتوں کی سمجھ میں نہ آئے تو بہتر ہے۔۔۔۔۔ ورنہ پھکنیاں اور دست پناہ سنبھال کر دوڑ پڑیں گی اس کی قبر کی طرف"۔ (گیت اور خون۔ عمران سیریز

نمبر ۴۷۔ اشاعت: ۱۹ اگست ۱۹۶۶)

ایک شاعر سے واقف ہوں جو میرؔ کے رنگ میں شاعری کرتے ہیں اور جعفر زٹلی کی شاعری سے متاثر ہو کر نثر لکھتے ہیں___ یہ تو ہوا آرٹ۔۔۔۔۔۔ اور غالباً آرٹسٹک سنس اس کو کہیں گے کہ خواتین کے رسائل میں ہمیشہ اپنی نوجوانی کی تصویر چھپواتے ہیں۔ (دوسری آنکھ۔ عمران سیریز نمبر ۴۸۔ اشاعت: یکم دسمبر ۱۹۶۶)

٭

اپنے وجود کے ثبوت کے لئے میں ڈیکارٹس کے خیال سے متفق ہوں۔ یعنی میرا ادراک میرے وجود کا ثبوت ہے۔۔۔۔۔۔ اور میرا وجود کسی کی حماقت کا نتیجہ___! للہذا حماقت ہی بنیادی حقیقت ٹھہری۔۔۔۔۔۔ دنیا کے سارے فتنوں کی جڑ تو عقل ہے۔ اس لئے عقل کو اٹھا کر طاق پر رکھ دینا چاہیے۔ جیسے میں نے رکھ دی ہے۔ (آنکھ شعلہ بنی۔ عمران سیریز نمبر ۴۹۔ اشاعت: ۲۳ جنوری ۱۹۶۷)

٭

"ہمارے ملک میں گھسیاروں کو پکڑ کر ماہر تعلیم بنا دیا جاتا ہے۔ اور وہ کم عمر گدھوں پر مُختلف قسم کے مضامین کی گٹھڑیاں لادتے چلے جاتے ہیں۔۔۔۔۔۔۔ ابھی حال میں میں دوسری جماعت کے ایک بچّے سے اُس کے نصاب کے متعلق پُوچھ بیٹھا تھا۔۔۔۔۔ اُس نے بتایا کہ وہ اُردو، انگریزی، سوشل اسٹڈی - ارتھمیٹک - نیچر اسٹڈی - اسلامیات - آرٹ اینڈ کرافٹ اور ہائی جین وغیرہ وغیرہ پڑھتا ہے۔۔۔۔۔ ذرا سوچو تو کیا حشر ہو گا اس کا۔ کیا وہ بچپن ہی سے ذہنی بد ہضمی میں نہیں مبتلا ہو جائے گا___ کیا اکتاہٹ اور مایوسی اس کی زندگی کے اجزاء لازم نہیں ہو جائیں گے۔ کیا اس کی تخلیقی صلاحیتیں کند نہ ہو جائیں گی۔ اور پھر کیا مستقبل اسے صرف ایک کلرک بنا کر نہ رکھ دے

گا"۔

قوم کی تعلیم پر زرِ کثیر صرف کیا جا رہا ہے۔ ہم چاہتے ہیں کہ ملک میں ایک بھی ان پڑھ نظر نہ آئے۔ سب کے سب منشی فاضل ہو جائیں۔ اس لیے ماہرین تعلیم کی خدمات حاصل کی ہیں جو قوم کے لئے بہت اچھی گاف کھیلتے ہیں اور اپنے بچوں کو حصولِ تعلیم کے لئے سمندر پار بھیج دیتے ہیں۔ (ڈاکٹر دعا گو۔ خصوصی ناول۔ عمران سیریز۔ اشاعت: مارچ ۱۹۶۴)

*

ابن صفی ادبی رویوں و رجحانات سے خوب واقف تھے، اپنے مخصوص انداز میں چوٹ کرنا ہو تو ناول سے بڑھ کر کوئی دوسرا ذریعہ بھلا کون سا ہو سکتا تھا۔ اپنے سدا بہار کردار علی عمران کی زبانی کہلواتے ہیں:

"میری سمجھ میں یہ نہیں آتا کہ یہ احمقانہ کھیل کب تک جاری رہے گا"۔ ___
"کون سا کھیل؟" ___ "یہی شاعرانہ کھیل جس نے لڑکی کی یہ درگت بنائی ہے!" ___
"کچھ آپ ہی کیجیے اس سلسلے میں"۔ ___ "سارے شاعر میری جان کو آ جائیں گے۔ ابھی حال ہی میں ایک بڑے میاں[۴] نے اپنے ڈیڑھ درجن عشق تحریر فرمائے ہیں اور ان پر بچوں کی طرح قلقاریاں مارتے رہتے ہیں"۔ (پہاڑوں کے پیچھے۔ عمران سیریز ۶۰۔ اشاعت: ۱۸ مارچ ۱۹۷۱)

*

محبوبہ ہر حال میں محبوبہ ہوتی ہے۔ خواہ وہ کسی کی بیوی ہو یا نہ ہو۔ اور محبوبائیں عموماً بدمعاش ہی رکھتے ہیں۔ شریفوں میں تو بیوی رکھنے کی بھی ہمت نہیں ہوتی۔
(جاپان کا فتنہ۔ جاسوسی دنیا ۷۰۔ اشاعت: ۸ نومبر ۱۹۵۷)

*

لوگ عموماً یہ سمجھتے ہیں جیسے بگڑا شاعر مرثیہ گوئی اختیار کرتا ہے اسی طرح نا اہل مُصوّر کارٹونسٹ بن جاتے ہیں۔ حالانکہ یہ غلط ہے۔ اچھے کارٹونسٹ کے لئے ضروری ہے کہ وہ اعلٰی درجہ کا مصوّر بھی ہو۔ ورنہ وہ اچھا کارٹونسٹ ہو ہی نہیں سکتا! بالکل اسی طرح جیسے گھٹیا قسم کے انشا پرداز مزاح نگار نہیں ہوسکتے۔ (سینکڑوں ہم شکل۔ جاسوسی دنیا ۸۰۔ اشاعت: ۲۵ نومبر ۱۹۵۸)

*

فنون لطیفہ پر ابن صفی کی گہری نظر تھی۔ وہ خود بھی ایک اچھے آرٹسٹ تھے۔ ایک جگہ فن تجرید پر چوٹ کرتے ابن صفی کے یہ فقرے ملاحظہ ہوں:

" پچھلے دنوں ایک غیر ملکی سفارت خانے نے تصویروں کی نمائش کا اہتمام کیا تھا۔ تمہارا یہ نوکر (عمران کا باورچی سلیمان۔ راقم) وہاں بڑے ٹھسے سے پہنچا تھا اور تصاویر پر تنقید کرتا پھرتا تھا۔"

" اچھا! لیکن اس میں حیرت کی کیا بات ہے؟ پکاسو کا بہت بڑا مداح ہے۔ تجریدی آرٹ پر جان دیتا ہے اور جیسی تصاویر دیکھ کر آتا ہے ویسی ہی چپاتیاں پکانے کی کوشش کرتا ہے۔ ایک دن ساڑھے تین فٹ لمبی چپاتی پکائی تھی۔ میں نے پوچھا 'یہ کیا' تو کہنے لگا 'صدائے صحرا ہے اور 'ابدیت' ابھی توے پر ہے۔"۔ (تصویر کی اڑان۔ عمران سیریز نمبر ۵۳۔ اشاعت: ۱۹۶۸)

*

اردو زبان و ادب میں شاعری ایک 'سنگین' مسئلے کا رخ اختیار کرتی جا رہی ہے۔ حالیہ چند دہائیوں میں ایسے شعراء کی تعداد میں خطرناک حد تک اضافہ دیکھنے میں آیا ہے جو

محض اپنا کلام شائع کرانے میں دلچسپی رکھتے ہیں اور اس عمل کے دوران شاعری کے معیار کو یکسر نظر انداز کر دیا جاتا ہے۔ ایسے ہی نام نہاد شاعروں پر چوٹ کرتے ہوئے ابن صفی کے ناول سے یہ چلبلا، کٹیلا اقتباس ملاحظہ ہو:

"سارجنٹ ناشاد ایک غزل کہہ رہا تھا۔ سامنے رکھے ہوئے کاغذ پر اس نے بہت سے قوافی لکھ رکھے تھے۔ ان قافیوں پر میں ایک ایک مصرعہ کہہ کر ان پر گرہیں لگاتا جارہا تھا۔ اچانک ایک مصرعے میں اسے گاڑی رکتی ہوئی سی معلوم ہونے لگی۔ اس نے اس کی تقطیع شروع کردی۔ غم جاناں۔۔ابے کھٹ کھٹ۔۔لہو بن کر۔۔۔ابے کھٹ کھٹ۔۔۔ہا۔۔ٹھیک تو ہے۔۔۔غم جاناں لہو بن کر ٹپک آنکھوں سے کچھ یوں بھی۔۔۔ابے کھٹ کھٹ۔۔۔ابے کھٹ کھٹ۔۔۔ابے کھٹ کھٹ۔۔۔

سارجنٹ ناشاد اسی طرح مصرعوں کی تقطیع کرتا تھا۔ فاعلاتن فاعلات کے بکھیڑے آج تک اس کی سمجھ ہی میں نہیں آئے تھے۔ ویسے وہ اکثر دوسرے شعراء کو عروض سے ناواقف اور اور بالکل ہی کندہ ناتراش بتایا کرتا تھا۔ سارجنٹ ناشاد فوجی آدمی تھا۔ تعلیم بھی واجبی سی تھی۔ لیکن اس کے باوجود اسے جگت استاد ہونے کا دعوی تھا۔ اور اس کے ساتھ والے اس کی استادی کے قائل بھی تھے کیونکہ اکثر اس کے اشعار میر و غالب جیسے اساتذہ سے بھی لڑ جاتے تھے۔ ایسے ہی ایک موقع پر کسی نے اعتراض کر دیا۔ سارجنٹ ناشاد دہڑ سے بولا 'تولد ہوا ہے۔' اس پر ایک زوردار قہقہہ پڑا۔ پھر اچانک اسے یاد آیا کہ اسے 'تولد' نہیں توارد' کہتے ہیں۔ مگر اب کیا ہو سکتا تھا۔[۵]

*

ابن صفی کا ایک ایسا کردار بھی تھا جو ایک جیتا جاگتا شخص تھا اور جسے انہوں نے اپنے ناولوں میں استعمال کر کے ابدی شہرت عطا کر دی تھی۔ یہ ذکر استاد محبوب نرالے عالم کا

ہے جو شہر کراچی میں مقیم تھے اور آج بھی ایسے لوگ موجود ہیں جنہیں استاد سے ملاقات کا شرف حاصل ہوا تھا۔ ابن صفی کے دیرینہ دوست جناب شاہد منصور اس ضمن میں بیان کرتے ہیں:

"پھر بارگاہِ ابن صفی میں کچھ اور لوگ آ گئے۔ محفل کا رنگ تبدیل ہو گیا۔ میں اٹھ کر گھر چلا آیا۔ پھر کئی مہینے گزر گئے۔ ابن صفی سے ملاقاتیں ہوتی رہیں۔ استاد بھی اس درمیان ایک دو بار ملے مگر کوئی قابل ذکر بات نہیں ہوئی۔ پھر ابن صفی کی مشہور کتاب ڈاکٹر دعاگو چھپ کر آ گئی تو بڑے ذوق و شوق سے پڑھنا شروع کر دیا۔ اور پھر میری آنکھیں حیرت سے پھٹی کی پھٹی رہ گئیں جب اس کتاب میں، میں نے استاد محبوب نرالے عالم کو منِ و عن اسی طرح براجمان پایا جیسے وہ مجھے ابن صفی کے دفتر میں براجمان ملے تھے۔ اپنی تمام تر ہییت کذائی مشکل و صورت، لباس اور بھونپو اور مکالموں کے ساتھ کوئی بھی فرق تو نہیں تھا۔ لگتا تھا کہ قدرت نے استاد کو ابن صفی کا کردار بننے کے لیے ہی پیدا کیا تھا۔"[٦]

استاد محبوب نرالے عالم سے متعلق عمران سیریز کے مندرجہ ذیل اقتباسات ملاحظہ ہوں۔ یہاں ہمیں طنز و مزاح کی چاشنی ملتی ہے، وہ لطیف جذبہ یعنی ہنسی نظر آتا ہے جو بقول ڈاکٹر وزیر آغا، ہمیں اس سنجیدہ کائنات میں زندہ رکھنے کا ذمہ دار ہے:

یہ تھے استاد محبوب نرالے عالم۔ بے پناہ قسم کے شاعر۔ شاعر کس پائے کے ہوں گے، یہ تو تخلص ہی سے ظاہر تھا۔ اتنا لمبا چوڑا تخلص شاید ہی کسی مائی کے لال کو نصیب ہوا ہو۔ استاد کا کہنا تھا کہ بڑا شاعر وہی ہے جس کے یہاں انفرادیت بے تحاشا پائی جاتی ہو، لہٰذا ان کا کہا ہوا شعر ہمیشہ بے وزن ہوتا تھا۔ بسر اوقات کے لیے پھیری لگا کر مسالے دار سوندھے چنے بیچتے تھے۔ مقبولیت کا یہ عالم تھا کہ جو بھی پکڑ پاتا بری طرح جکڑ لیتا۔ بعض

اوقات تو ایسا بھی ہوتا کہ سننے سنانے کے چکر میں استاد ہفتوں دھندے سے دور رہتے۔ بڑے بڑے لوگوں سے یارانہ تھا، پھر عمران کیسے محروم رہتا۔

'کوئی عمدہ سا شعر استاد'۔ عمران انہیں کی میز پر جمتا ہوا بولا

استاد نے منہ اوپر اٹھایا۔ تھوڑی دیر ناک بھوں پر زور دیتے رہے پھر جھوم کر بولے 'سنیے'

حسن کو آفتاب میں صنم ہو گیا ہے
عاشقی کو ضرور بے خودی کا غم ہو گیا ہے

پھر بولے۔ 'پچھلی رات مجھ میں غالب کی روح حلول کر گئی تھی، سنو:

تم بھلا باز آؤ گے غالب
راستے میں چڑھاؤ گے غالب
کعبہ کس منہ سے جاؤ گے غالب
شرم تم کو مگر نہیں آتی

'یہ تو وزن دار ہے استاد'۔ عمران حیرت سے بولا

'میں نے بتانا نا غالب کی روح حلول کر گئی تھی، پھر وزن کیسے نہ ہوتا" (ڈاکٹر دعا گو۔ عمران سیریز کا خصوصی ناول)

کارڈ پر نظر پڑتے ہی اس نے ٹھنڈی سانس لی۔ کارڈ پر تحریر تھا" امام الجاہلین، قتیل ادب، استاد محبوب نرالے عالم"

'بلاؤ'۔ عمران کراہا

'تشریف رکھیے'

لیکن استاد تشریف کہاں رکھتے، وہ تو کنکھیوں سے نرس کو دیکھے چلے جارہے تھے۔

'میں نے کہا استاد'

'جی۔جی ہاں' استاد چونک کر بولے:'آج میں ارتعاش سیمگاں کا مقیم مصلوب ہوں'

عمران نے اس طرح سر ہلایا جیسے پوری بات سمجھ میں آگئی ہو۔

اکثر استاد پر بڑے بڑے نامانوس الفاظ بولنے کا دورہ پڑتا تھا۔ کبھی کبھی نئے الفاظ بھی ڈھالتے۔ اس قسم کے دورے عموما" اس وقت پڑتے جب آس پاس کوئی عورت بھی موجود ہو۔

نرس اٹھ کر چلی گئی اور استاد نے ایک ٹھنڈی سانس لی اور پھر جھک کر آہستہ سے بولے:'یہ دوسری کب آئی'

'آتی جاتی ہی رہتی ہیں'۔ عمران لاپرواہی سے بولا" مگر آپ کیوں مغموم ہیں"

'نہیں جناب، یہ بے پردگی۔۔ یہ ٹڈے ٹڈیاں۔۔ میں عنقریب حج کرنے چلا جاؤں گا'

'ہوا کیا۔۔ کوئی خاص حادثہ'

'جی ہاں، کل رینو میں میٹنی شو دیکھنے چلا گیا تھا۔ دیر ہوگئی تھی۔ کھیل شروع ہو چکا تھا۔ ہائے کیا فلم ہے ڈاکٹر نو دیکھی ہے آپ نے۔ سالے، لونڈیا کو چوڑی دار پاجامہ پہنا دیتے ہیں'

'چوڑی دار پاجامہ نہیں استاد، اسے جین کہتے ہیں'۔عمران نے کہا۔ (ڈاکٹر دعاگو۔ عمران سیریز کا خصوصی ناول)

*

عمران نے استاد کے شانے پر ہاتھ مار کر کہا:'سنو اکثر لوگ تمہارے آئیڈیاز چرا لیا کرتے ہیں'

'جی بس کیا بتاؤں۔ استاد ٹھنڈی سانس لے کر بولے۔ 'نہ صرف وہ لوگ جو زندہ ہیں بلکہ وہ بھی جو مر گئے'

وہ کیسے استاد؟

'خواب میں آکر۔۔ مومن، غالب اکثر اس قسم کی حرکتیں کرتے رہتے ہیں۔۔ میرا شعر تھا:

بے غیرت ناہید کی ہر تان ہے زمبک
شعلہ سالپ لپ لپ جھپک

اب آپ دیکھیے، ٹیلی وژن والوں سے معلوم ہوا کہ یہ غالب صاحب کا ہے۔

'مومن کا ہے استاد'۔۔:

اس غیرت ناہید کی ہر تان ہے دیپک
شعلہ سالپک جائے ہے آواز تو دیکھو

'اب یہی دیکھ لیجیے، میں نے بے غیرت ناہید کہا ہے، اور وہ فرماتے ہیں اس غیرت ناہید۔۔۔ ہوئی نہ وہی خواب کی چوری والی بات'

'صبر کرو'۔ عمران ان کا شانہ تھپک کر بھرائی ہوئی آواز میں بولا اور استاد میکانکی طور پر آبدیدہ ہو گئے۔۔۔ (پاگلوں کی انجمن۔ عمران سیریز۔ ناول نمبر ۵۸۔ اشاعت: یکم جون ۱۹۷۰)

*

ابن صفی کی تحریروں سے طنز و مزاح پر مبنی مذکورہ بالا انتخاب کرنے کے دوران راقم الحروف کو پنڈت برج نرائن چکبست [۷] کا وہ بیان یاد آگیا جو انہوں نے 'اودھ پنچ' کے مزاح نگاروں کے متعلق دیا تھا:

"اودھ پنچ کے ظریفوں کی شوخ و طرار طبیعت کا رنگ دوسرا ہے۔ ان کے قلم سے پھبتیاں ایسے نکلتی ہیں جیسے کمان سے تیر۔ ان کے فقرے دل میں ہلکی سی چٹکی نہیں لیتے بلکہ نشتر کی طرح تیر جاتے ہیں۔ ان کا ہنسنا غالب کی زیر لب مسکراہٹ سے الگ ہے۔ یہ خود بھی نہایت بے تکلفی سے قہقہے لگاتے ہیں اور دوسروں کو بھی قہقہہ لگانے پر مجبور کرتے ہیں۔"

پنڈت برج نرائن چکبست کا یہ بیان بالخصوص اس وقت بہت یاد آتا ہے جب قاری ابن صفی کے ناولوں میں جاسوسی دنیا کے کردار قاسم اور عمران سیریز کے کردار استاد محبوب نرالے عالم کی زبان سے ادا ہونے والے جملوں اور مذکورہ کرداروں کا احوال پڑھتا ہے۔

کم و بیش ۲۵ برسوں تک اپنے جاسوسی ناولوں کے ذریعے بامقصد انداز میں لاکھوں قارئین کی ذہنی تربیت کرنے والے مصنف ابن صفی کے تحریر کردہ تمام ناولوں کی کئی جہتیں ہیں، ان تمام پر کئی حوالوں سے تحقیقی کام کی گنجائش باقی ہے۔ ابن صفی ایک نثر نگار، ابن صفی ایک جاسوسی ناول نگار، ابن صفی ایک شاعر لیکن 'ابن صفی ایک طنز و مزاح نگار' کا موضوع ایک اچھوتا اور منفرد موضوع ہے۔ جب بھی اس پر کام کیا جائے گا، ابن صفی ایک اہم طنز و مزاح نگار کی حیثیت سے پطرس، رشید احمد صدیقی، فرحت اللہ بیگ، مشتاق احمد یوسفی، ابن انشاء، کرنل محمد خان جیسے مصنفین کی صف میں کھڑے نظر آئیں گے۔

***

منتخب شخصی خاکوں کا ایک یادگار مجموعہ

کیا خوب آدمی تھے

مرتبہ: سید حیدرآبادی

بین الاقوامی ایڈیشن منظر عام پر آچکا ہے